Franz Dürheim, Werner Freißler, Otto Mayr

Literatur 7/8

Stundenbilder mit Kopiervorlagen

Auer Verlag GmbH

Quellennachweis

Böll, H.: Skelett einer menschlichen Siedlung, aus: Irisches Tagebuch. Köln, München: Kiepenheuer & Witsch 1954 S. 133 ff.

Borchert, W.: Das Brot, aus: Das Gesamtwerk. Hamburg: Rowohlt 1949 S. 141

Britting, G.: Fröhlicher Regen, aus: Gesamtausgabe in Einzelbänden. Bd. 1,2. München: Nymphenburger S. 7

Ende, M.: Momo (Textauszug und Illustration). Stuttgart – Wien: K. Thienemanns Verlag S. 147 ff.

Ende, M.: Lukas, der Lokomotivführer (Illustration). Stuttgart – Wien: K. Thienemanns Verlag S. 154

von der Grün, M.: Die Entscheidung, aus: Fahrtunterbrechungen und andere Erzählungen. Frankfurt: Europäische Verlagsanstalt 1965 S. 159 ff.

Hagelstange, R.: Sommerliches Gebet, aus: Strom der Zeit. Gedichte. Frankfurt: Insel S. 19

Hesse, H.: Im Nebel, aus: Die Gedichte. Frankfurt: Suhrkamp 1977 S. 117

Kaschnitz, M. L.: Das Wunder, aus: Lange Schatten. Hamburg: Claassen S. 57 ff.

Lagerlöf, S.: Die heilige Nacht, aus: Christuslegenden. München: Nymphenburger Verlag in der F. A. Herbig Verlagsbuchhandlung GmbH S. 65 ff.

Lenz, S.: Die Nacht im Hotel, aus: Jäger des Spotts. Geschichten aus dieser Zeit. Hamburg: Hoffmann und Campe 1958 S. 173 f.

Rilke, R. M.: Herbsttag, aus: Sämtliche Werke. Bd. 1. Frankfurt/M.: Insel S. 35

Schroeter, S. von: Shalom heißt Frieden, aus: Schroeter, S. v., Müller, R. (Hrsg.): Gelber Drachen – rufende Flöte. Freiburg: Herder S. 73 ff.

Tucholsky, K.: Augen in der Großstadt, aus: Gesammelte Werke. Bd. III. Hrsg. v. M. Gerold Tucholsky u. F. J. Raddatz. Reinbek: Rowohlt 1960 S. 127

Bildnachweis

Deutsches Literaturarchiv, Marbach: S. 20, 21, 22, 36, 37, 38, 129, 130
Übrige Fotos: Autoren und Verlagsarchiv

Gedruckt auf umweltbewusst gefertigtem, chlorfrei gebleichtem
und alterungsbeständigem Papier.

3. Auflage. 1999
Nach der Neuregelung der deutschen Rechtschreibung.
Ausnahmen bilden Texte, bei denen lizenzrechtliche, linguistische oder
literaturästhetische Gründe eine Änderung ausschließen.

Gesamtherstellung: Ludwig Auer GmbH, Donauwörth
ISBN 3-403-0**2352**-4

Inhaltsverzeichnis

Vorwort

Der Literaturunterricht soll Schüler und Schülerinnen befähigen, epische, lyrische und dramatische Texte zu lesen und zu erschließen, um sie in ihrem Eigenwert als literarische Werke und als Bereicherung des persönlichen Lebens verstehen und schätzen zu können.
Die Förderung der Lesefreude sollte jedoch Vorrang vor einer bloßen Auseinandersetzung mit Gattung, Inhalt und Aufbau der Texte haben; andererseits sollte auf grundlegende literarische Kenntnisse, die sich aus der Arbeit mit den Texten ergeben, nicht verzichtet werden.

Diese Zielsetzungen verlangen eine beständige Pflege des flüssigen und sinnerfassenden Lesens. Das freie Vortragen von Gedichten fördert in besonderem Maß die Entwicklung der persönlichen Ausdrucksfähigkeit. Es kann den Blickwinkel auf ein Gedicht verändern und so dazu beitragen, Inhalt und Gestalt des Gedichts besser zu verstehen.

Literarische Texte sollten so behandelt werden, dass sie von den Jugendlichen als Einheit betrachtet und erlebt werden können. Ohne die Texte zu zerreden, sollten die bei ihrer Erschließung zu gewinnenden Einsichten möglichst durch die Schülerinnen und Schüler selbst gefunden werden. In die Arbeit am Text werden häufig Ausschnitte aus der Lebensbeschreibung von Dichtern sowie Informationen über Entstehungsbedingungen und Zeithintergründe mit einbezogen, die das Verständnis der gewählten Texte unterstützen.

Die didaktische Aufbereitung umfasst sämtliche Elemente eines schülerorientierten Literaturunterrichts, der sowohl dem fachlichen wie dem methodischen Anspruch gerecht wird. Die hier vorliegenden Stundenmodelle sind methodisch klar strukturiert: ein motivierender Einstieg, eine strukturierte Erarbeitung von Inhalt und Gehalt des Textes und eine angemessene Wertungsphase sind Inhalt jedes Stundenbildes.

Thema

Fröhlicher Regen

Georg Britting

Lernziele

Wahrnehmen des Erlebnisgehalts des Gedichts.
Erkennen und Verstehen der Wortschöpfungen des Dichters.
Wahrnehmen der Klanggestalt des Gedichts.
Fähigkeit, das Gedicht angemessen vortragen zu können.

Arbeitsmittel/Medien/Literaturhinweise

1 Textblatt, Folie (Regenbilder), 1 Arbeitsblatt

Tafelbild/Folie

Fröhlicher Regen

Dichterische Sprache:

„Regenriese“ (Naturgewalt Regen)

„Blauhimmelhasser“ (graue, schwarze Regenwolken)

„Silbertropfenprasser“ (Regentropfen, die im Licht glitzern)

hören:

klopft
tropft
singt
niesend
schnaubend
lacht

sehen:

tropft
bezopft
springt
läuft
überfließt

Klanggestalt:

o: klopft, tropft, bezopft

i: singt, springt, schießt, überfließt, bekiest

ä: Mähnen, Zähnen, Freudentränen

äu: läuft, beträuft

ss: Blauhimmelhasser, Silbertropfenprasser

I. Hinführung:

Impuls	TA:	Darbietung von Regenbildern
	TB:	Darbietung von Regengeräuschen
	SÄ:	„... Regen unangenehm ... schlechtes Wetter ...“
Zielangabe	TA:	**Fröhlicher Regen**

II. Textbegegnung:

	L	trägt Gedicht vor.
	SS:	Spontanäußerungen

III. Erarbeitung:

1. Teilziel: Der Erlebnisgehalt des Gedichts

Impuls	L:	„Der Dichter nimmt den Regen vorwiegend mit zwei Sinnen wahr.“
	SÄ:	„... hören (Gehör) ... sehen (Augen) ...“
Arbeitsauftrag	L:	„Ordne die Verben in zwei Spalten!“
	GA:	arbeitsgleich, auf Notizblock
Ergebnis	TA:	*sehen:* tropft, bezopft springt ... / *hören:* klopft, singt, niesend, schnaubend ...

2. Teilziel: Die dichterische Sprache

Impuls	L:	„Der Dichter verwendet einige Wortschöpfungen, um den Regen zu beschreiben.“
	SS	nennen die Wörter.
	TA:	„Regenriese“, „Blauhimmelhasser“, „Silbertropfenprasser“
Erklärungen	LSS:	„Regenriese“: Naturgewalt Regen „Blauhimmelhasser“: graue, schwarze Regenwolken „Silbertropfenprasser“: Regentropfen im Licht

3. Teilziel: Die Klanggestalt des Gedichts

Impuls	OHP:	Folie: tropft, klopft, bezopft, springt, singt ...
	SS	lesen vor.
Erklärung	LSS:	Man hört aus den verschiedenen Lautungen der Verben die unterschiedlichen Geräusche, die der Regen verursacht.
	SS	heben Vokale „o“, „i“, „äu“ und Konsonanten „ss“ und „ß“ hervor.

IV. Sicherung:

	SS:	Eintrag der TA ins AB

V. Ausklang:

Arbeitsauftrag	L:	„Versuche die Stimmung des Gedichts einem der Regenbilder zuzuordnen!“

Fröhlicher Regen

Georg Britting

Wie der Regen tropft, Regen tropft,
An die Scheiben klopft!
Jeder Strauch ist nass bezopft.

Wie der Regen springt!
In den Blättern singt
Eine Silberuhr.
Durch das Gras hin läuft,
Wie eine Schneckenspur.
Ein Streifen weiß beträuft.

Das stürmische Wasser schießt
In die Regentonne,
Dass sie überfließt,
Und in breitem Schwall
Auf dem Weg bekiest
Stürzt Fall um Fall.

Und der Regenriese
Der Blauhimmelhasser,
Silbertropfenprasser,
Niesend fasst er in der Bäume Mähnen,
Lustvoll schnaubend in dem herrlich vielen Wasser.

Und er lacht mit fröhlich weißen Zähnen
Und mit kugelrunden, nassen Freudentränen.

Folie „Regenbilder“

Deutsch Literatur	Name: ____________	Klasse: ____	Datum: ________	Nr.: __

Fröhlicher Regen

Georg Britting

Dichterische Sprache:
____
____
____
____
____
____
____
____
____
____

hören:

____
____
____
____

sehen:

____
____
____
____

Klanggestalt:
____
____
____
____
____
____
____
____
____
____

Durch ____________________, besondere ____________________ und ____________________ gelingt es dem Dichter, den Regen als etwas Frohes, Lustiges erscheinen zu lassen.

Deutsch Literatur	Name: ____________	Klasse: ______	Datum: __________	Nr.: ___

Fröhlicher Regen

Georg Britting

Dichterische Sprache:	hören:	Klanggestalt:
	klopft	
„Regenriese"	*singt*	*o: klopft, tropft*
= Naturgewalt des	*niesend*	*bezopft*
Regens	*schnaubend*	*i: singt, springt*
„Blauhimmelhasser"		*ä: Mähnen, Zähnen,*
= graue, schwarze	sehen:	*Freudentränen*
Regenwolken	*tropft*	*äu: läuft,*
„Silbertropfenprasser"	*bezopft*	*beträuft*
= Regentropfen,	*springt*	*ss: Blauhimmelhasser,*
die im Sonnenlicht	*läuft*	*Silbertropfenprasser,*
glitzern	*überfließt*	*Wasser*

Durch *klingende Verben*, besondere *Wortschöpfungen* und *Personifizierung* gelingt es dem Dichter, den Regen als etwas Frohes, Lustiges erscheinen zu lassen.

Thema

Der Zauberlehrling

Johann Wolfgang v. Goethe

Lernziele

Kennenlernen einer klassischen Ballade der deutschen Literaturgeschichte.
Erfassen des Stimmungsgehalts der Ballade.
Erkennen der Entwicklung des Geschehens und seines Höhepunkts.
Erkennen des Wesensgehalts der Ballade.
Fähigkeit, die Hauptaussage der Ballade auf die heutigen Verhältnisse zu übertragen.

Arbeitsmittel/Medien/Literaturhinweise

1 Textblatt, Folie: Tabelle, 1 Arbeitsblatt

Tafelbild/Folie

Der Zauberlehrling

Geschehen	*Wortwahl*	*Gefühlslage*
Lehrling spielt Meister, will wie er sein.	Hexenmeister, Wasser, Bad, alter Besen, Knecht	anmaßend, hochmütig, stolz
Lehrling ist Herr über den Besen (Geist).	Guss, Schwall	sicher, dünkelhaft, unsicher
„Geist“ gerät außer Kontrolle	Güsse, Flüsse, alter Besen	erschrocken, ängstlich
Gefahr wird größer; Lehrling plant Selbsthilfe.	Wasserströme, Ausgeburt der Hölle, verruchter Besen	Angst, Wut
Vernichtung des Besens; doppelte Wiedergeburt.	Kobold, Knecht	Hoffnung, entsetzt
Katastrophe; Rettung und Wiederherstellung der Ordnung durch den Meister.	Herr und Meister, entsetzliche Gewässer, Geister, Besen	verzweifelt demütig

„Die ich rief, die Geister
Werd ich nun nicht los.“

Der Mensch darf die Grenzen, die ihm von der Schöpfung gesetzt sind, nicht überschreiten.

I. Hinführung:

Impuls	TA:	Bilder: Goethe und Schiller
	SÄ:	„... deutsche Dichter, Werke ...“
	L	erklärt Fachbegriff Ballade.
Zielangabe	TA:	**Der Zauberlehrling (J. W. v. Goethe)**

II. Textbegegnung:

	L	liest Ballade vor.
	SS	lesen still nach.
	LSS:	Ziel der Aussprache: düstere Grundstimmung, Personen und Geschehen der Handlung

III. Erarbeitung:

1. Teilziel: Inhalt der Ballade		
Arbeitsauftrag	L:	„Suche zu jeder der sieben zweiteiligen Strophen eine Überschrift!“
	GA:	arbeitsgleich
Ergebnis	TA:	Überschriften zu den Strophen
2. Teilziel: Die Wortwahl		
Arbeitsauftrag	L:	„Schreibe heraus, welche verschiedenen Worte der Dichter für „Meister“, „Besen“ und „Wasser“ in den einzelnen Strophen gebraucht!“
	SS:	Einzelarbeit
Ergebnis	TA:	Synonyme für „Meister“, „Besen“, „Wasser“
3. Teilziel: Die Stimmungslage des Lehrlings		
Impuls	L:	„Der Lehrling durchlebt während der Abwesenheit des Meisters ein Wechselbad der Gefühle.“
	LSS:	Erarbeitung der Stimmungslage, die sich von Stolz zu Demut wandelt.
Ergebnis	TA:	Wandel der Stimmungslage des Lehrlings

IV. Ausweitung:

Impuls	L:	„In der letzten Strophe finden wir den Schlüsselsatz der Ballade.“
Erkenntnis	TA:	„Die ich rief, die Geister Werd ich nun nicht los.“
Impuls	L:	„Du findest auch in unserer Zeit ‚Zauberbesen‘, die wir nicht mehr beherrschen.“
	OHP:	Folie: Tabelle
	SS	ergänzen.
Erkenntnis	TA:	Der Mensch darf Grenzen, die ihm von der Schöpfung gesetzt sind, nicht überschreiten.

V. Sicherung:

	SS:	Eintrag der TA ins AB

VI. Klanggestaltendes Lesen:

	SS	tragen Ballade vor.

Der Zauberlehrling

Johann Wolfgang v. Goethe

Hat der alte Hexenmeister
Sich doch einmal wegbegeben!
Und nun sollen seine Geister
Auch nach meinem Willen leben.
Seine Wort und Werke
Merkt ich und den Brauch,
Und mit Geistesstärke
Tu ich Wunder auch.

Walle! walle
Manche Strecke,
Dass zum Zwecke
Wasser fließe
Und mit reichem, vollem Schwalle
Zu dem Bade sich ergieße.

Und nun komm, du alter Besen,
Nimm die schlechten Lumpenhüllen!
Bist schon lange Knecht gewesen;
Nun erfülle meinen Willen!
Auf zwei Beinen stehe,
Oben sei ein Kopf!
Eile nun und gehe
Mit dem Wassertopf!

Walle! walle
Manche Strecke,
Dass zum Zwecke
Wasser fließe,
Und mit reichem, vollem Schwalle
Zu dem Bade sich ergieße!

Seht, er läuft zum Ufer nieder;
Wahrlich! ist schon an dem Flusse,
Und mit Blitzesschnelle wieder
Ist er hier mit raschem Gusse.
Schon zum zweiten Male!
Wie das Becken schwillt!
Wie sich jede Schale
Voll mit Wasser füllt!

Stehe! stehe!
Denn wir haben
Deiner Gaben
Vollgemessen! –
Ach, ich merk es! Wehe! wehe!
Hab ich doch das Wort vergessen

Ach, das Wort, worauf am Ende
Er das wird, was er gewesen.
Ach, er läuft und bringt behände!
Wärst du doch der alte Besen!
Immer neue Güsse
Bringt er schnell herein,
Ach! und hundert Flüsse
Stürzen auf mich ein.

Nein, nicht länger
Kann ich's lassen;
Will ihn fassen.
Das ist Tücke!
Ach! nun wird mir immer bänger
Welche Miene! welche Blicke!

O, du Ausgeburt der Hölle!
Soll das ganze Haus ersaufen?
Seh ich über jede Schwelle
Doch schon Wasserströme laufen.
Ein verruchter Besen,
Der nicht hören will!
Stock, der du gewesen,
Steh doch wieder still!

Willst's am Ende
Gar nicht lassen?
Will dich fassen
Will dich halten,
Und das alte Holz behände
Mit dem scharfen Beile spalten.

Seht, da kommt er schleppend wieder!
Wie ich mich nur auf dich werfe,
Gleich, o Kobold, liegst du nieder;
Krachend trifft die glatte Schärfe.
Wahrlich! brav getroffen!
Seht, er ist entzwei!
Und nun kann ich hoffen,
Und ich atme frei!

Wehe! wehe!
Beide Teile
Stehn in Eile
Schon als Knechte
Völlig fertig in die Höhe!
Helft mir, ach! ihr hohen Mächte!

Und sie laufen! Nass und nässer
Wird's im Saal und auf den Stufen:
Welch entsetzliches Gewässer!
Herr und Meister! hör mich rufen! –
Ach, da kommt der Meister!
Herr, die Not ist groß!
Die ich rief, die Geister
Werd ich nun nicht los.

„In die Ecke,
Besen, Besen!
Seid's gewesen!
Denn als Geister
Ruft euch nur zu seinem Zwecke
Erst hervor der alte Meister.“

Folie

„Lehrling“	„Geist“	„Katastrophe“

Lösung

„Lehrling“	„Geist“	„Katastrophe“
Physiker	*Kernspaltung*	*GAU, Atombombe*
Politiker	*Machtstreben*	*Krieg*
Biologe	*Gentechnik*	*Verseuchung*
Chemiker	*Insektizide*	*Verseuchung*
Konstrukteur	*Roboter*	*Arbeitslosigkeit*

Deutsch Literatur	Name: ______	Klasse: ______	Datum: ______	Nr.: ___

Der Zauberlehrling

Johann Wolfgang v. Goethe

Geschehen	Wortwahl	Gefühlslage

„Die ich rief, die Geister
Werd ich nun nicht los."

Aktualisierung:

„Lehrling"	„Geist"	„Katastrophe"

Deutsch Literatur	Name: ______	Klasse: ______	Datum: ______	Nr.: ___

Der Zauberlehrling

Johann Wolfgang v. Goethe

Geschehen	Wortwahl	Gefühlslage
Lehrling spielt Meister, will wie er sein.	*Hexenmeister, Wasser, Bad, alter Besen, Knecht*	*anmaßend, hochmütig, stolz*
Lehrling ist Herr über den Besen (Geist).	*Guss, Schwall*	*sicher, dünkelhaft, unsicher*
„Geist“ gerät außer Kontrolle.	*Güsse, Flüsse, alter Besen*	*erschrocken, ängstlich*
Gefahr wird größer; Lehrling plant Selbsthilfe.	*Wasserströme, Ausgeburt der Hölle, verruchter Besen*	*Angst, Wut*
Vernichtung des Besens; doppelte Wiedergeburt.	*Kobold, Knecht*	*Hoffnung, entsetzt*
Katastrophe; Rettung und Wiederherstellung der Ordnung durch den Meister.	*Herr und Meister, entsetzliche Gewässer, Geister, Besen*	*verzweifelt, demütig*

„Die ich rief, die Geister
Werd ich nun nicht los.“

Aktualisierung:

„Lehrling“	„Geist“	„Katastrophe“
Biologe	*Gentechnik*	*Verseuchung*
Physiker	*Atombombe*	*Vernichtung*
Politiker	*Aufrüstung*	*Krieg*

Der Mensch darf die Grenzen, die ihm von der Schöpfung gesetzt sind, nicht überschreiten.

Thema

Sommerliches Gebet

Rudolf Hagelstange

Lernziele

Eine sommerliche Stimmung beschreiben können.
Herausfinden, um was der Verfasser den „Herrn der Welt“ bittet.
Das Gedicht als Gebet erkennen.
Die Abhängigkeit der Natur und des Menschen von Gott nachempfinden können.

Arbeitsmittel/Medien/Literaturhinweise

1 Textblatt, Folie 1 (Getreidefeld), Folie 2 (Rudolf Hagelstange), 1 Arbeitsblatt

Tafelbild/Folie

Sommerliches Gebet

Rudolf Hagelstange

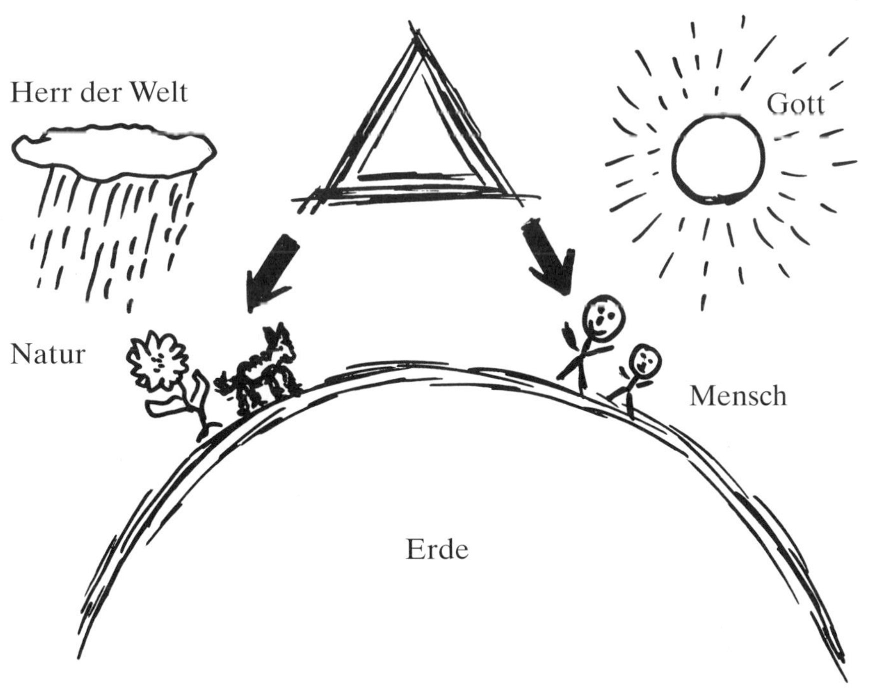

I. Hinführung und Einstimmung:

Folie 1 (Der Sommer)	L:	„Seht euch das Bild genau an! Lasst es auf euch wirken!“
	SS	beschreiben, was sie sehen, was sie dabei empfinden, wie das Bild auf sie wirkt.
Impuls	L:	„Du erkennst die Jahreszeit, die dieses Bild wiedergibt.“
TA, Gedichtüberschrift, Zielangabe	L:	„Auch Dichter haben sich mit dem Sommer beschäftigt: **Sommerliches Gebet** von Rudolf Hagelstange.“

II. Textbegegnung und Texterarbeitung:

Inhalt: Textblatt	L	trägt Gedicht möglichst frei vor.
LSG / freie Aussprache	SS	geben den Inhalt wieder, erkennen den Reim (Kreuzreim) usw.

Weitergehende Erarbeitung des Inhalts und **Gehalts:** Partnerarbeit

1. Welche Bitte wird in den einzelnen Strophen jeweils ausgesprochen?
2. Worin unterscheiden sich Strophe 1–3 von Strophe 4–5?
3. Durch welche Worte wirkt dieses Gedicht wie ein Gebet?
4. Welche Textinhalte verweisen auf die in der Überschrift angesprochene Jahreszeit?
5. Warum wiederholt der Dichter wohl eine Verszeile und um welchen Reim handelt es sich in diesem Gedicht?

Schülerberichte, TA	zu 1.:	Bitte um gute Ernte, um Schutz des Viehs und der Hirten, um wenig Wind und ausreichend Regen, um Schutz auf dem Lebensweg, um Schutz vor Unglück.
	zu 2.:	Strophe 1–3: sommerliches Gebet Strophe 4–5: allgemeines Gebet
	zu 3.:	lass, nimm, führe, schütze
	zu 4.:	Korn, Weide, Mittagsglut, Sonne …
	zu 5.:	„Herr der Welt“: Er bestimmt, was auf der Welt geschieht; wir Menschen und die Natur sind ihm untertan; Gott ist der Anfang und das Ende. Es handelt sich um einen Kreuzreim.

III. Vertiefung:

TA	L:	„Warum hat Hagelstange wohl ein ‚Sommerliches Gebet‘ verfasst? Welche Abhängigkeiten werden deutlich?“

IV. Sicherung:

		Eintrag auf das AB, Vortrag als Gebet
Folie 2		Information über den Dichter

Sommerliches Gebet

Rudolf Hagelstange

Lass das Korn am Halm sich häufen
und die Frucht im Feld!
Lass das Heu der Wiesen reifen,
Herr der Welt!

Nimm das Vieh auf deinen Weiden
unter deine Hut
und die Hirten, die da leiden
in der Mittagsglut.

Lass die Winde leiser wehen
vor der Sonne Bild!
Lass den Regen niedergehen,
der die Brunnen füllt!

Führe uns auf jeder Straße
– Wiesenland und Stein –!
Aber lass nach deinem Maße
uns zum Heil es sein!

Ohne dessen Plan vom Dache
nicht ein Sperling fällt,
schütze uns vor Ungemache,
Herr der Welt!

Folie 1 Der Sommer (1565) von Pieter Brueghel (der Ältere), * 1525 † 1569

Folie 2

Rudolf Hagelstange

Rudolf Hagelstange wurde 1912 in Nordhausen geboren.
Er schrieb Erzählungen, Romane, Reiseberichte und Gedichte.
Rudolf Hagelstange zählt zu den bedeutendsten Schriftstellern seiner Generation.

Deutsch Literatur	Name: ____________	Klasse: ______	Datum: __________	Nr.: ___

Sommerliches Gebet

Rudolf Hagelstange

Rudolf Hagelstange wurde 1912 in Nordhausen geboren. Er schrieb Erzählungen, Romane, Reiseberichte und Gedichte. Rudolf Hagelstange zählt zu den bedeutendsten Schriftstellern seiner Generation.

Welche Bitte wird in den einzelnen Strophen jeweils ausgesprochen?

1. Strophe	______________________	} ____________
2. Strophe	______________________	____________
3. Strophe	______________________	
4. Strophe	______________________	} ____________
5. Strophe	______________________	____________

Folgende Worte machen das Gedicht zu einem Gebet: ______________________

__________ ist der ______________ . Er bestimmt, was auf der Welt geschieht, wir ______________ sind ihm genauso untertan wie die __________ .

__________ ist der Anfang und das Ende!

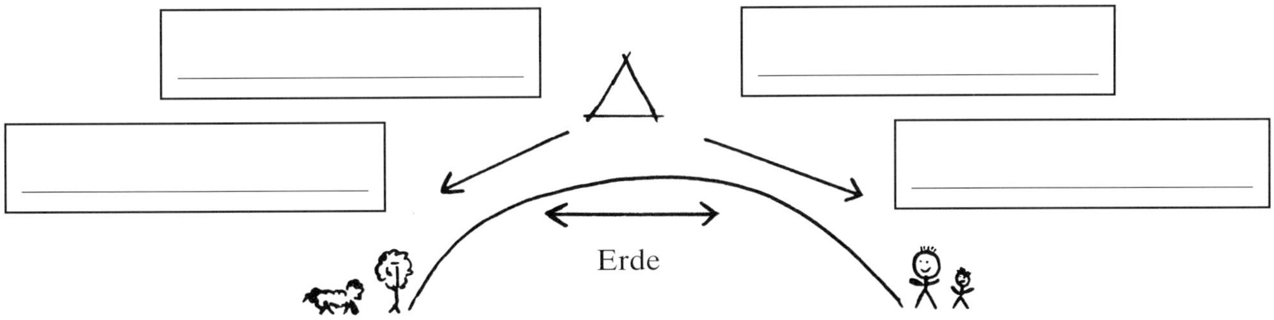

Deutsch Literatur	Name: ____	Klasse: ____	Datum: ____	Nr.: ____

Sommerliches Gebet

Rudolf Hagelstange

Rudolf Hagelstange wurde 1912 in Nordhausen geboren. Er schrieb Erzählungen, Romane, Reiseberichte und Gedichte. Rudolf Hagelstange zählt zu den bedeutendsten Schriftstellern seiner Generation.

Welche Bitte wird in den einzelnen Strophen jeweils ausgesprochen?

1. Strophe	*Bitte um gute Ernte*	*sommerliches Gebet*
2. Strophe	*Bitte um Schutz des Viehs, der Hirten*	
3. Strophe	*Bitte um wenig Wind, genügend Regen*	
4. Strophe	*Bitte um Schutz auf dem Lebensweg*	*allgemeines Gebet*
5. Strophe	*Bitte um Schutz vor dem Unglück*	

Folgende Worte machen das Gedicht zu einem Gebet: *lass, nimm, führe, schütze.*

Gott ist der *Herr der Welt*. Er bestimmt, was auf der Welt geschieht, wir *Menschen* sind ihm genauso untertan wie die *Natur*.

Gott ist der Anfang und das Ende!

Gott

Herr der Welt

Natur

Mensch

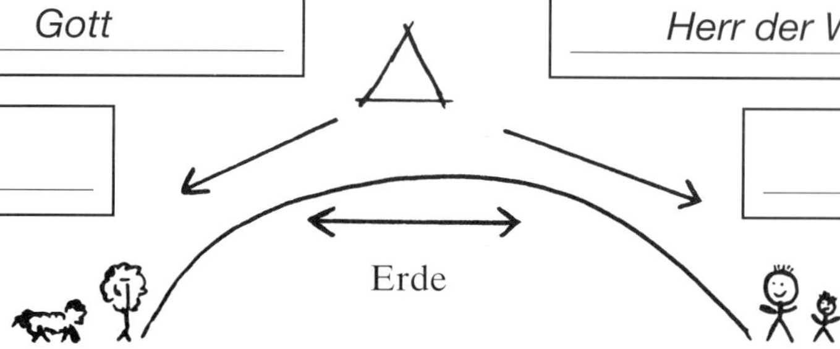

Thema

Belsazar

Heinrich Heine

Lernziele

Heinrich Heine als Balladendichter kennen lernen.
Den Inhalt des Gedichts wiedergeben können.
Einen Vergleich zwischen dem Bibeltext und der Ballade ziehen.
Die Struktur des Gedichts erfassen.
Die Grundaussage des Gedichts begreifen.
Die Ballade sinngestaltend vortragen können.

Arbeitsmittel/Medien/Literaturhinweise

Folie 1 (Hybris-Darstellung), 2 Textblätter, 1 Arbeitsblatt

Tafelbild/Folie 1 Rembrandt: Das Gastmahl des Belsazar, 1635

I. Hinführung:

Folie 1 (Hybris)	L:	„Wir lernen ein Gedicht (eine Ballade) kennen, das die Folgen einer frevelhaften Selbstüberschätzung, einer Anmaßung (= Hybris) aufzeigt.“
Zielangabe	TA:	**Belsazar**

II. Textbegegnung:

Lehrerinformation, Kartenarbeit	L:	„Nebukadnezzar (604–551 v. Chr.) hatte das babylonische Großreich an Euphrat und Tigris geschaffen, Jerusalem zerstört, das jüdische Volk verschleppt und dessen heilige Tempelgeräte geraubt. Heinrich Heine behandelt in dieser Ballade den Untergang Babylons am Beispiel seines Königs Belsazar.“
Lehrervortrag/Aussprache		

III. Texterschließung:

1. Inhalt und Struktur der Ballade:	SS:	Str. 1–6	Darstellung von Ort, Zeit, Personen und Geschehnisrahmen
		Str. 7–9	Erste Gotteslästerung mit Rückendeckung der Anwesenden
		Str. 10–13	Zweite Gotteslästerung durch Missbrauch des Kultgeräts und Lästerung Gottes
		Str. 14–19	Stimmungsumschwung, „Menetekel“
		Str. 20	Undeutbarkeit
		Str. 21	Ermordung des Königs
2. Vergleich mit dem Bibeltext: Gemeinsames Erlesen			
3. Gehalt der Ballade:	SS:	Verächter des Menschlichen, des Religiösen, des Heiligen gehen unter.	

IV Sicherung:

	SS:	Eintrag ins AB

V. Ausweitung:

- Dichter Heinrich Heine (evtl. Referat eines Schülers)
- Sturz eines Einzelnen aus seiner Hybris (z. B. Adolf Hitler)

Das Gastmahl Belschazzars

5 König Belschazzar gab ein großes Gastmahl für
seine Großen; es waren tausend Menschen und zu-
sammen mit den Tausend sprach er dem Wein zu.
[2] In seiner Weinlaune nun ließ Belschazzar die golde-
nen und silbernen Gefäße holen, die sein Vater Nebu-
kadnezzar aus dem Tempel in Jerusalem mitgenom-
men hatte. Jetzt sollten der König und seine Großen,
seine Frauen und Nebenfrauen daraus trinken. [3] Man
holte also die goldenen Gefäße, die man aus dem Tem-
pel des Gotteshauses in Jerusalem mitgenommen
hatte, und der König und seine Großen, seine Frauen
und Nebenfrauen tranken daraus. [4] Sie tranken Wein
und lobten die Götter aus Gold und Silber, aus Bronze,
Eisen, Holz und Stein.
[5] In derselben Stunde erschienen die Finger einer
Menschenhand und schrieben gegenüber dem Leuch-
ter etwas auf die weiß getünchte Wand des königlichen
Palastes. Der König sah den Rücken der Hand, als sie
schrieb. [6] Da erbleichte er und seine Gedanken er-
schreckten ihn. Seine Glieder wurden schwach und
ihm schlotterten die Knie.
[7] Der König schrie laut, man solle die Wahrsager,
Chaldäer und Astrologen holen. Dann sagte er zu den
Weisen von Babel: Wer diese Schrift lesen und mir
deuten kann – was er auch sei: er soll in Purpur geklei-
det werden, eine goldene Kette um den Hals tragen
und als der Dritte in meinem Reich herrschen.
[8] Da kamen alle Weisen des Königs herbei; aber sie
waren nicht imstande, die Schrift zu lesen oder dem
König zu sagen, was sie bedeutete. [9] Darüber erschrak
König Belschazzar noch mehr und sein Gesicht wurde
bleich. Auch seine Großen gerieten in Angst. [10] Da die
Rufe des Königs und seiner Großen bis zur Königin
drangen, kam sie in den Festsaal und sagte: O König,
mögest du ewig leben. Lass dich von deinen Gedanken
nicht erschrecken; du brauchst nicht zu erbleichen.
[11] In deinem Reich gibt es einen Mann, in dem der
Geist der heiligen Götter wohnt. Schon zu deines
Vaters Zeiten fand man bei ihm Erleuchtung und Ein-
sicht und Weisheit, wie nur die Götter sie haben;
deshalb hat König Nebukadnezzar, dein Vater, ihn zum
Obersten der Zeichendeuter, Wahrsager, Chaldäer
und Astrologen ernannt, dein eigener Vater, o König!
[12] Bei diesem Daniel also, dem der König den Namen
Beltschazzar gegeben hat, fand man außergewöhn-
lichen Geist sowie Erkenntnis und Einsicht und die
Gabe, Träume auszulegen, Rätsel zu erklären und
schwierige Fragen zu lösen. Darum lass jetzt Daniel
herrufen; er wird die Deutung geben.
[13] Daniel wurde vor den König gebracht und der
König sagte zu ihm: Du also bist Daniel, einer von den
verschleppten Juden, die mein Vater, der König, aus
Juda hierher gebracht hat. [14] In dir, so habe ich gehört,
ist der Geist der Götter und bei dir fand man Erleuch-
tung und Einsicht und außergewöhnliche Weisheit.
[15] Man hat die Weisen und die Wahrsager vor mich
gebracht, damit sie diese Schrift lesen und mir deuten.
Sie konnten mir aber nicht sagen, was das Geschrie-
bene bedeutet. [16] Doch du, so habe ich gehört, kannst
Deutungen geben und schwierige Fragen lösen. Wenn
du nun die Schrift lesen und mir deuten kannst, sollst
du in Purpur gekleidet werden, um den Hals eine gol-
dene Kette tragen und als der Dritte in meinem Reich
herrschen.
[17] Daniel gab dem König zur Antwort: Behalte deine
Gaben oder schenk sie einem andern! Aber die Schrift
will ich für den König lesen und deuten. [18] Mein Kö-
nig! Der höchste Gott hat deinem Vater Nebukadnez-
zar Herrschaft und Macht, Herrlichkeit und Majestät
gegeben. [19] Vor der Macht, die ihm verliehen war,
zitterten und bebten alle Völker, Nationen und Spra-
chen. Er tötete, wen er wollte, und ließ am Leben, wen
er wollte. Er erhöhte, wen er wollte, und stürzte, wen er
wollte. [20] Als aber sein Herz überheblich und sein
Geist hochmütig wurde, stürzte man ihn von seinem
königlichen Thron und er verlor die Herrscherwürde. [21]
Man verstieß ihn aus der Gemeinschaft der Menschen.
Sein Herz wurde dem der Tiere gleichgemacht. Er
musste bei den wilden Eseln hausen und sich von Gras
ernähren wie die Ochsen. Der Tau des Himmels be-
netzte seinen Körper, bis er erkannte: Der höchste
Gott gebietet über die Herrschaft bei den Menschen
und gibt sie, wem er will. [22] Obgleich nun du, sein Sohn
Belschazzar, das alles weißt, bist du in deinem Herzen
doch nicht bescheiden geblieben. [23] Du hast dich gegen
den Herrn des Himmels erhoben und dir die Gefäße
aus seinem Tempel herbeischaffen lassen. Du und
deine Großen, deine Frauen und Nebenfrauen, ihr
habt daraus Wein getrunken. Du hast die Götter aus
Gold und Silber, aus Bronze, Eisen, Holz und Stein
gepriesen, die weder sehen noch hören können und
keinen Verstand haben. Aber den Gott, der deinen Le-
bensatem in seiner Hand hat und dem all deine Wege
gehören, den hast du nicht verherrlicht. [24] Darum hat
er diese Hand geschickt und diese Schrift geschrieben.
[25] Das Geschriebene lautet aber: Mene mene tekel
u-parsin. [26] Diese Worte bedeuten: Mene: Gezählt hat
Gott die Tage deiner Herrschaft und macht ihr ein
Ende. [27] Tekel: Gewogen wurdest du auf der Waage
und zu leicht befunden. [28] Peres: Geteilt wird dein
Reich und den Medern und Persern gegeben.
[29] Da befahl Belschazzar Daniel in Purpur zu kleiden
und ihm eine goldene Kette um den Hals zu legen und
er ließ verkünden, dass Daniel als der Dritte im Reich
herrschen sollte. [30] Aber noch in derselben Nacht
wurde Belschazzar, der König der Chaldäer, getötet,
6 und der Meder Darius übernahm die Königsherr-
schaft im Alter von zweiundsechzig Jahren.

Daniel 5,1–6,1

Belsazar

Heinrich Heine

Die Mitternacht zog näher schon;
In stiller Ruh lag Babylon.

Nur oben in des Königs Schloss,
Da flackert's, da lärmt des Königs Tross.

Dort oben in dem Königssaal
Belsazar hielt sein Königsmahl.

Die Knechte saßen in schimmernden Reihn
Und leerten die Becher mit funkelndem Wein.

Es klirrten die Becher, es jauchzten die Knecht;
So klang es dem störrigen Könige recht.

Des Königs Wangen leuchten Glut;
Im Wein erwuchs ihm kecker Mut.

Und blindlings reißt der Mut ihn fort;
Und er lästert die Gottheit mit sündigem Wort.

Und er brüstet sich frech und lästert wild;
Die Knechtenschar ihm Beifall brüllt.

Der König rief mit stolzem Blick;
Der Diener eilt und kehrt zurück.

Er trug viel gülden Gerät auf dem Haupt;
Das war aus dem Tempel Jehovas geraubt.

Und der König ergriff mit frevler Hand
Einen heiligen Becher, gefüllt bis am Rand.

Und er leert ihn hastig bis auf den Grund,
Und rufet laut mit schäumendem Mund:

„Jehova! dir künd ich auf ewig Hohn –
Ich bin der König von Babylon!“

Doch kaum das grause Wort verklang,
Dem König ward's heimlich im Busen bang.

Das gellende Lachen verstummte zumal;
Es wurde leichenstill im Saal.

Und sieh! und sieh! an weißer Wand
Da kam's hervor wie Menschenhand;

Und schrieb und schrieb an weißer Wand
Buchstaben von Feuer, und schrieb und schwand.

Der König stieren Blicks da saß,
Mit schlotternden Knien und totenblass.

Die Knechtenschar saß kalt durchgraut,
Und saß gar still, gab keinen Laut.

Die Magier kamen, doch keiner verstand
Zu deuten die Flammenschrift an der Wand.

Belsazar ward aber in selbiger Nacht
Von seinen Knechten umgebracht.

Deutsch Literatur	Name: ____________	Klasse: ______	Datum: __________	Nr.: ___

Belsazar

Heinrich Heine

Ort: ______________________

Zeit: ______________________

Personen: ______________________

Geschehen: ______________________

____

1
2
3
4
5
6

____

____

7
8
9

____

____

10
11
12
13

____

____

14
15
16
17
18
19

____

20

____

21

____

____

↓

____

Deutsch Literatur	Name: ______	Klasse: ______	Datum: ______	Nr.: ___

Belsazar

Heinrich Heine

Strophe	
1	Ort: *Babylon, Schloss des Königs Belsazar*
2	Zeit: *Mitternacht*
3	Personen: *König Belsazar und sein Tross*
4	Geschehen: *König Belsazar und sein Tross*
5	*trinken Wein, feiern …*
6	
7	
8	*Erste Gotteslästerung mit Rückendeckung durch die Anwesenden*
9	
10	
11	*Zweite Gotteslästerung durch Missbrauch des Kultgeräts und Lästerung Jehovas*
12	
13	
14	
15	
16	*Stimmungsumschwung, „Menetekel“ (Buchstaben von Feuer) – Warnung*
17	
18	
19	
20	*Undeutbarkeit*
21	*Vernichtung des Königs durch die Beteiligten an der Tat*

↓

Vernichter des Menschlichen, des Religiösen, des Heiligen gehen unter.

Thema

Der Feuerreiter

Eduard Mörike

Lernziele

Den Dichter Eduard Mörike kennen lernen.
Den „Feuerreiter“ als den Beherrscher des Elements „Feuer“ erkennen.
Das „zerstörende“ Zurückschlagen der beherrschten Elementarkräfte gegen den Beherrscher als tieferen Sinn der Ballade erfassen.
Erkennen, dass der Mensch auch heute die Kräfte der Natur nicht immer beherrschen kann.
Die Ballade sinngestaltend vortragen können.

Arbeitsmittel/Medien/Literaturhinweise

Folie 1 (Naturelemente), Folie 2 (Katastrophen), 1 Textblatt

Tafelbild/Folie 1

I. Hinführung:

Stummer Impuls/Folie 1	SÄ:	„… Es sind Naturelemente abgebildet …"
	L:	„Wir lernen ein Gedicht kennen, das das Naturelement ‚Feuer' zum Inhalt hat."
Zielangabe	TA:	**Der Feuerreiter**

II. Textbegegnung:

Lehrervortrag/Aussprache

III. Texterschließung:

Inhalt:	SS:	Eine Mühle brennt ab. Ein Mensch (Geist?) reitet, vom Feuer magisch angezogen, zur Brandstätte. Er hat das schon öfter getan, doch diesmal kommt er im Feuer um.
Gehalt:	SS:	– „Der Feuerreiter" ist ein Mensch, der mit dem Teufel im Bunde steht („Mit des heil'gen Kreuzes Span / Freventlich die Glut besprochen –"). Er hat das Feuer schon öfter mit dem geweihten Kreuz „besprochen". – Sein Untergang ist schuldbedingt und schicksalhaft unausweichlich zugleich. – Die Elementarkräfte schlagen gegen die „Beherrscher" zurück.

IV. Ausweitung:

Impuls/Folie 2	L:	„Auch heute gibt es immer wieder Katastrophen, die der Mensch mit seiner Technik verhindern zu können glaubte."
	SS	beschreiben Gefahren der Technik, die Unzulänglichkeit des Menschen, nennen aktuelle Beispiele …
Impuls	L:	„Das Gedicht kann auch etwas über die anfangs erwähnten Naturelemente aussagen."
	SS:	Die Kräfte der Natur können vom Menschen nicht völlig beherrscht werden.

V. Ausklang:

	SS:	Gedichtvortrag

Folie 2

Deutsch Literatur	Name: ______________	Klasse: _____	Datum: __________	Nr.: ___

Der Feuerreiter

Eduard Mörike

Sehet ihr am Fensterlein
Dort die rote Mütze wieder?
Nicht geheuer muss es sein,
Denn er geht schon auf und nieder.
Und auf einmal welch Gewühle
Bei der Brücke, nach dem Feld!
Horch! das Feuerglöcklein gellt:
Hinterm Berg,
Hinterm Berg
Brennt es in der Mühle!

Schaut! da sprengt er wütend schier
Durch das Tor, der Feuerreiter,
Auf dem rippendürren Tier,
Als auf einer Feuerleiter!
Querfeldein! Durch Qualm und Schwüle
Rennt er schon und ist am Ort!
Drüben schallt es fort und fort:
Hinterm Berg,
Hinterm Berg
Brennt es in der Mühle!

Der so oft den roten Hahn
Meilenweit von fern gerochen,
Mit des heil'gen Kreuzes Span
Freventlich die Glut besprochen –
Weh! dir grinst vom Dachgestühle
Dort der Feind im Höllenschein.
Gnade Gott der Seele dein!
Hinterm Berg,
Hinterm Berg
Rast er in der Mühle.

Keine Stunde hielt es an,
Bis die Mühle borst in Trümmer;
Doch den kecken Reitersmann
Sah man von der Stunde nimmer.
Volk und Wagen im Gewühle
Kehren heim von all dem Graus;
Auch das Glöcklein klinget aus:
Hinterm Berg,
Hinterm Berg
Brennts! –

Nach der Zeit ein Müller fand
Ein Gerippe samt der Mützen
Aufrecht an der Kellerwand
Auf der beinern Mähre sitzen:
Feuerreiter wie so kühle
Reitest du in deinem Grab!
Husch! da fällt's in Asche ab.
Ruhe wohl, Ruhe wohl
Drunten in der Mühle!

*Eduard Möricke (1804–1875) gilt als einer der bedeutendsten Erzähler und Lyriker des 19. Jahrhunderts.
Seine Themen waren hauptsächlich Liebe, Glück, Sehnsucht, Natur und Gott.
In der Ballade „Der Feuerreiter" schildert er dramatisch die Bedrohung des Menschen durch das Element Feuer.*

Thema

Herbsttag

Rainer Maria Rilke

Lernziele

Den mehr vordergründigen Inhalt der beiden ersten Strophen erfassen.
Die Grundaussage der 3. Strophe als Höhepunkt erkennen.
Den Herbst als Sinnbild für das Alter des Menschen deuten.
Das Gedicht angemessen vortragen können.

Arbeitsmittel/Medien/Literaturhinweise

1 Textblatt, Folie 1 (Herbststimmung), Folie 2 (Rainer Maria Rilke),
1 Arbeitsblatt

Tafelbild/Folie

Herbsttag

**1875 Rainer Maria Rilke †1926*

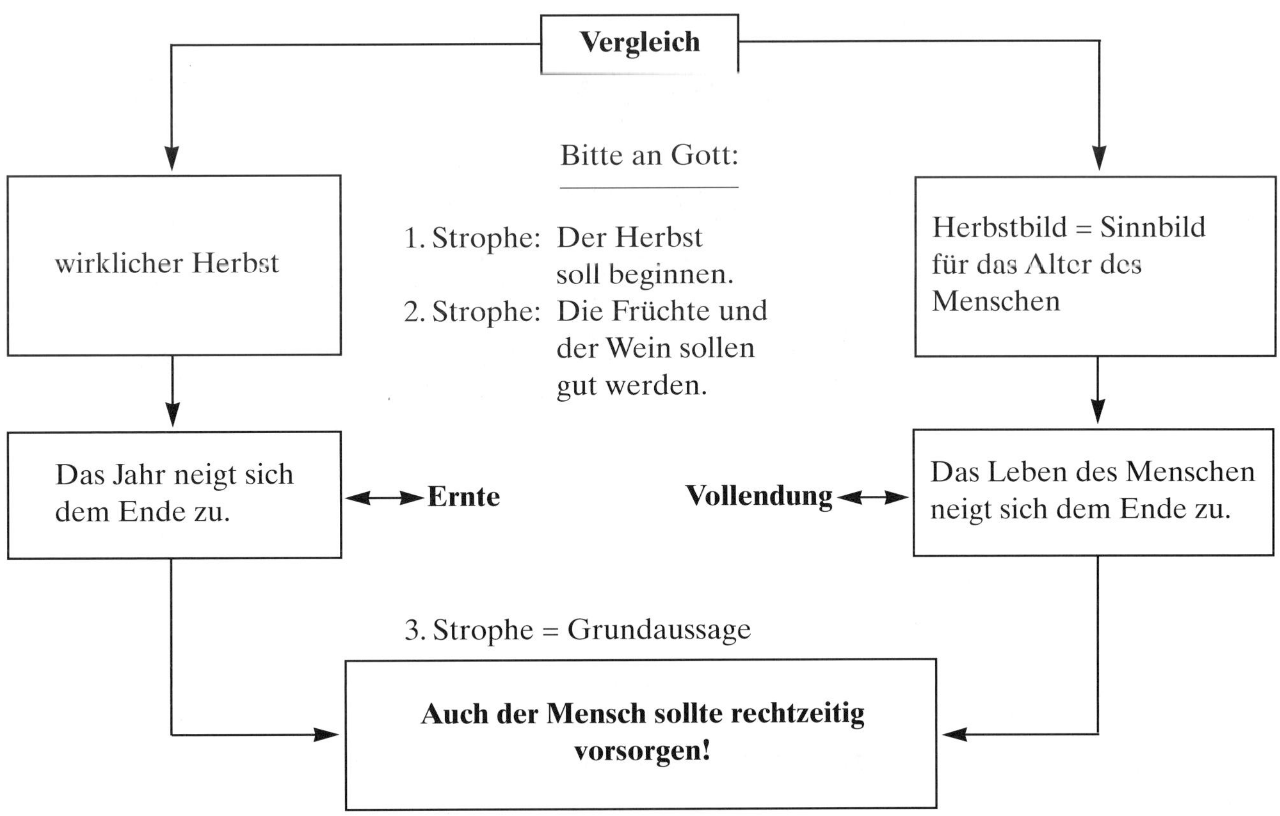

I. Hinführung:	L:	„Wenn du dieses Bild auf dich wirken lässt, wird dir einiges dazu einfallen.“
Folie 1 (Herbststimmung)	SÄ:	„Herbst, fallende Blätter, die letzten warmen Tage, Ruhe …“
Impuls	L:	„Auch Dichter haben sich immer wieder mit dem Herbst beschäftigt.“
TA, Zielangabe	L:	**Herbsttag** von Rainer Maria Rilke
II. Textbegegnung und Texterarbeitung:		
Inhalt: Textblatt LSG / freie Aussprache	SS	lesen das Gedicht still, anschließend trägt ein Schüler das Gedicht ausdrucksstark vor.
Klärung des Aufbaus:	SS:	3 Strophen, Strophen werden immer länger, Herbst wird beschrieben, unterschiedlicher Reim.
Gehalt: Gruppenarbeit 1. Welche Bitten spricht der Dichter aus; an wen sind sie gerichtet? 2. An wen richten sich die Verse in der 3. Strophe? 3. Kannst du das Gedicht nun in zwei Hauptteile gliedern? 4. Lässt sich dieses Herbstgedicht allgemein auf das menschliche Leben beziehen? Welche Grundaussage kannst du erkennen?		
Schülerberichte	zu 1.:	Der Herbst soll beginnen. Die Früchte und der Wein sollen gut werden. Die Bitten richten sich an Gott.
TA/Erarbeitung	zu 2.:	Die Verse in der 3. Strophe richten sich an die Menschen.
	zu 3.:	Hauptteil I: 1. und 2. Strophe Hauptteil II: 3. Strophe = Höhepunkt
	zu 4.:	Das menschliche Leben hat einen Anfang und ein Ende. Der Herbst in der Natur lässt sich mit dem „Herbst des Lebens“ vergleichen. Das Alter vollendet ein Leben! Auch der Mensch sollte rechtzeitig vorsorgen!
III. Sicherung: AB	SS	übertragen das Tafelbild auf das Arbeitsblatt, erhalten kurze Information über den Dichter.
IV. Ausweitung:	SS:	Eine angemessene Vortragsweise wird erarbeitet. Im Kunstunterricht wird eine passende Illustration mit Wasserfarben/Wachsmalkreiden erstellt.

Herbsttag

Rainer Maria Rilke

Herr: es ist Zeit. Der Sommer war sehr groß.
Leg deinen Schatten auf die Sonnenuhren
und auf den Fluren lass die Winde los.

Befiehl den letzten Früchten voll zu sein;
gib ihnen noch zwei südlichere Tage,
dränge sie zur Vollendung hin und jage
die letzte Süße in den schweren Wein.

Wer jetzt kein Haus hat, baut sich keines mehr.
Wer jetzt allein ist, wird es lange bleiben,
wird wachen, lesen, lange Briefe schreiben
und wird in den Alleen hin und her
unruhig wandern, wenn die Blätter treiben.

(Handschriftliches Original)

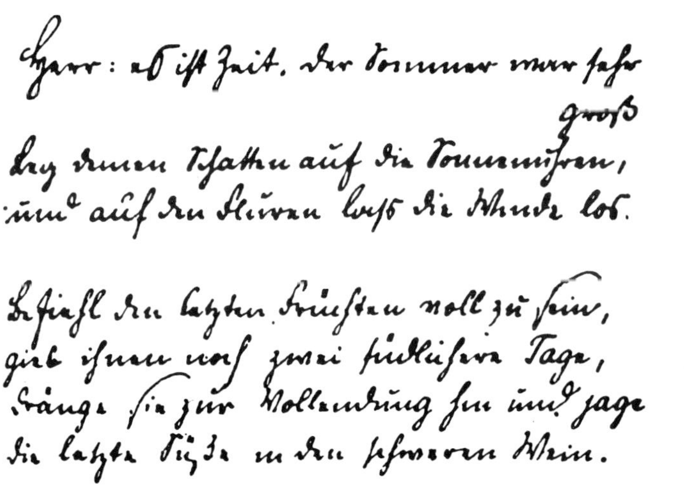
Herr: es ist Zeit. Der Sommer war sehr groß.
Leg deinen Schatten auf die Sonnenuhren,
und auf den Fluren laß die Winde los.

Befiehl den letzten Früchten voll zu sein,
gib ihnen noch zwei südlichere Tage,
dränge sie zur Vollendung hin und jage
die letzte Süße in den schweren Wein.

Wer jetzt kein Haus hat baut sich keines mehr;
wer jetzt allein ist wird es lange bleiben,
wird wachen, lesen, lange Briefe schreiben
und wird in den Alleen hin und her
unruhig wandern wenn die Blätter treiben.

Folie 1

Folie 2

Rainer Maria Rilke wurde 1875 in Prag geboren. Nach der Reifeprüfung und einem Jahr Studium entschied er sich freier Schriftsteller zu werden. Er reiste viel, u. a. nach Russland und nach Frankreich. Rilke schrieb vor allem Gedichte und zählt zu den bedeutendsten Lyrikern. Er starb 1926 in der Schweiz.

Name: ______ Klasse: ______ Datum: ______ Nr.: ______

Herbsttag

Rainer Maria Rilke

1. Strophe

2. Strophe

3. Strophe

Welche Bedeutung hat der äußere Aufbau des Gedichts?

Der Dichter spricht verschiedene Bitten aus: ______

Der Herbst soll beginnen.

Die Bitten richten sich an: ______.

1./2. Strophe: ______

Vergleich

Das ______ neigt sich dem Ende zu.

Ernte

Vollendung

Das ______ neigt sich dem Ende zu.

Grundaussage der 3. Strophe: ______

Deutsch Literatur	Name: ____	Klasse: ____	Datum: ____	Nr.: __

Herbsttag

Rainer Maria Rilke

Reim	Strophe	
a b a	1. Strophe – *3 Zeilen*	
a b b a	2. Strophe – *4 Zeilen*	
a b b a b	3. Strophe – *5 Zeilen*	

Welche Bedeutung hat der äußere Aufbau des Gedichts?

Die Strophen werden immer länger. Das Gedicht steigert sich zum Höhepunkt in der 3. Strophe.

Hauptteil I (1. und 2. Strophe)

Hauptteil II (3. Strophe)

Der Dichter spricht verschiedene Bitten aus: *Leg deinen Schatten auf die Sonnenuhren. Lass die Winde los. Befiehl den Früchten voll zu sein. Jage die letzte Süße in den Wein.*

↓

Der Herbst soll beginnen.

Die Bitten richten sich an: *Gott*.

1./2. Strophe: *Wirklicher Herbst* ←– **Vergleich** –→ *Herbst als Sinnbild für das Alter im Leben des Menschen*

Das *Jahr* neigt sich dem Ende zu. – **Ernte**

Vollendung – Das *Leben des Menschen* neigt sich dem Ende zu.

Grundaussage der 3. Strophe: *Auch der Mensch sollte rechtzeitig vorsorgen!*

Thema

Die Spitzin

Marie von Ebner-Eschenbach

Lernziele

Die Handlung der Erzählung verstehen und wiedergeben.
Das Leben Provis beschreiben können.
Die Charakterentwicklung Provis nachvollziehen können.
Erkennen, dass das Erlebnis mit der Spitzin Provis Leben verändert.
Die sprachlichen Mittel der Erzählung erkennen.
Bewusstmachen, dass Menschen von Tieren lernen können.
Bewusstmachen, dass Hass wiederum Hass erzeugt.

Arbeitsmittel/Medien/Literaturhinweise

Folie 1 (Hundefamilie), 5 Textblätter, Folie 2 (Beispiele für Verhalten aus der Tierwelt), 1 Arbeitsblatt

Tafelbild/Folie 1

I. Einstimmung:

Folie 1 (Hundefamilie)

SS: Spontanäußerungen

Zielangabe

TA: **Die Spitzin**

II. Textbegegnung:

Gemeinsames Erlesen/Aussprache

III. Textbetrachtung:

1. Inhaltliche Klärung

GA/EA/PA

1.1 Beschreibe die Herkunft Provis!
1.2 Beschreibe das Dorfleben!
1.3 Beschreibe das Leben Provis!
1.4 Wie verläuft die Charakterentwicklung Provis?
1.5 Woran entlädt sich Provis Hass?
1.6 Welches Ereignis wirkt sich auf Provi in welcher Weise aus?

Auswertung/LSG

zu 1.1: Zigeunerkind oder Kind, das die Zigeuner gestohlen hatten.
1.2: Barmherzigkeit war dort nicht zu Hause.
1.3: Er ist verhasst, wird ausgenützt und schlechter behandelt als ein Tier.
1.4: Verbittert; ohne Liebe; bereit, Gleiches mit Gleichem zu vergelten.
1.5: Provis Hass kann sich nur noch an Tieren entladen.
1.6: Die tödlich verletzte Spitzin vertraut ihm ihr Junges an; Provi erfährt dadurch zum ersten Mal Vertrauen und Verantwortung.

2. Klärung der sprachlichen Darstellung

Impuls

L: „Mit verschiedenen sprachlichen Mitteln gestaltet die Dichterin diese Erzählung sehr beeindruckend."

SS:
- Genaue Beschreibung der Situation
- Viele direkte Reden im Dialekt
- Genaue Personenbeschreibungen
- Eindrucksvolle Schilderung der entscheidenden Situation

IV. Wertung:

- Gespräch über die Wende in Provis Leben
- Erkenntnis: Tiere können die Menschen beschämen. Hass erzeugt neuen Hass.

V. Sicherung:

SS: Eintrag ins AB

VI. Ausweitung:

Beispiele aus der Tierwelt über die Liebe und Sorge für die Jungen (Folie 2)

Die Spitzin

Marie von Ebner-Eschenbach

Zigeuner waren gekommen und hatten ihr Lager beim Kirchhof außerhalb des Dorfes aufgeschlagen. Die Weiber und Kinder trieben sich bettelnd in der Umgebung herum, die Männer verrichteten allerlei Flickarbeit an Ketten und Kesseln und bekamen die Erlaubnis so lange dazubleiben, wie sie Beschäftigung finden konnten und einen kleinen Verdienst.
Diese Frist war noch nicht um, da fand man eines Sommermorgens die Stelle, an der die Zigeuner gehaust hatten, leer. Sie waren fortgezogen in ihren mit zerfetzten Planen überdeckten, von jämmerlichen Mähren geschleppten Leiterwagen. Von dem Aufbruch der Leute hatte niemand etwas gehört noch gesehen; er musste nachts in aller Stille stattgefunden haben.
Die Bäuerinnen zählten ihr Geflügel, die Bauern hielten Umschau in den Scheunen und Ställen. Jeder meinte, die Landstreicher hätten sich etwas von seinem Gut angeeignet und dann die Flucht ergriffen. Bald aber zeigte sich, dass die Verdächtigen nicht nur nichts entwendet, sondern sogar etwas dagelassen hatten: Im hohen Gras neben der Kirchhofmauer lag ein splitternacktes Knäblein und schlief. Es konnte kaum zwei Jahre alt sein und hatte eine sehr weiße Haut und spärliche hellblonde Haare. Die Witwe Wagner, die es entdeckte, als sie auf ihren Rübenacker ging, sagte gleich, das sei ein Kind, das die Zigeuner, Gott weiß wann, Gott weiß wo, gestohlen und jetzt weggelegt hatten, weil es elend und erbärmlich war und ihnen niemals nützlich werden konnte.
Sie hob das Bübchen vom Boden auf, drehte und wendete es und erklärte, es müsse gewiss irgendwo ein Merkmal haben, an dem seine Eltern, die ohne Zweifel in Qual und Herzensangst nach ihm suchten, es erkennen würden, „wenn man das Merkmal in die Zeitung setze“. Doch ließ sich kein besonderes Merkmal entdecken und auch später, trotz aller Nachforschungen und Anzeigen, weder von den Zigeunern noch von der Herkunft des Kindes eine Spur finden. Die alte Wagnerin hatte es zu sich genommen und ihre Armut mit ihm geteilt, nicht nur aus Gutmütigkeit, sondern auch in der stillen Hoffnung, dass seine Eltern einmal kommen würden in Glanz und Herrlichkeit, es abzuholen und ihr hundertfach zu ersetzen, was sie für das Kindlein getan hatte. Aber sie starb nach mehreren Jahren, ohne den erwarteten Lohn eingeheimst zu haben, und jetzt wusste niemand, wohin mit ihrer Hinterlassenschaft – dem Findling. Ein Armenhaus gab es im Dorf nicht und die Barmherzigkeit war dort auch nicht zu Hause. Wen um Gottes willen ging das halb verhungerte Geschöpf etwas an, von dem man nicht einmal wusste, ob es getauft war? „Einen christlichen Namen darf man ihm durchaus nicht geben“, hatte der Küster von Anfang an unter allgemeiner Zustimmung erklärt; aber auf die Frage der Wagnerin: „Was denn für einen?“, keine Antwort gewusst. „Geben's ihm halt einen provisorischen“, war die Entscheidung gewesen, die endlich der Herr Lehrer getroffen, und die halb taube Alte hatte nur die zwei ersten Silben verstanden und den Jungen Provi und nach seinem Fundort Kirchhof genannt. Nach ihrem Tode waren alle darüber einig, dass dem Provi Kirchhof nichts Besseres zu wünschen sei, als eine recht baldige Erlösung von seinem jämmerlichen Dasein. Der Armselige lebte vom Abfall, kleidete sich in Fetzen – abgelegtes Zeug, ob von kleinen Jungen oder kleinen Mädchen war gleich – ging barhäuptig und barfüßig, wurde geprügelt, beschimpft, verachtet und gehasst und prügelte, beschimpfte, verachtete und hasste wieder. Als für ihn die Zeit kam die Schule zu besuchen, erhielt er dort zu den zwei schönen Namen, die er schon hatte, einen dritten: „Der Abschaum“, und tat, was in seinen Kräften lag, um ihn zu rechtfertigen.
Da war im Ort die brave Schoberwirtin. Im vergangenen Herbst hatte Provi in einem Winkel ihrer Scheune eine Todeskrankheit durchgemacht, ohne Arzt und ohne Pflege. Nur die Schoberin war täglich nachsehen gekommen, ob es nicht schon vorbei sei mit ihm, und hatte ihm jeden Morgen ein Krüglein voll Milch hingestellt.
Die Gewohnheit, ihm ein Frühstück zu spenden, behielt sie bei, auch nachdem er wieder gesund geworden war. Pünktlich um fünf fand er sich ein, blieb auf der Schwelle der Wirtsstube stehen und rief: „Mei Müalch!“ Er bekam das Verlangte und ging seiner Wege. Einmal aber ereignete sich etwas ganz Ungewöhnliches.

Der Wirt, der sonst seinen Abendrausch regelmäßig im Bett ausschlief, hatte ihn diese Nacht auf der Bank in der Wirtsstube ausgeschlafen und erwachte im Augenblick, in dem Provi auf die Schwelle trat und rief: „Mei Müalch!"

Was sagte der Lackel? Was wollte er? Schober dehnte und reckte sich. Ein verflucht kantiges Lager hatte er gehabt, seine Glieder schmerzten ihn und seine Laune war schlecht. Der grobe Klotz Provi fand heute an ihm einen harten Keil. „Nicht zu verlangen, zu bitten hast, du Lump! Kannst nicht bitten?" Der Junge riss die farblosen Augen auf, sein schmales Gesicht wurde noch länger als sonst, der große, blasse Mund verzog sich und sprach: „Na!" Die Früchte, die ihm dieses Wort eintragen sollte, reiften sogleich. Schober sprang auf ihn zu, verabreichte ihm sein Frühstück in Gestalt einer tüchtigen Tracht Prügel und warf ihn zur Tür hinaus. Solche kleinen Zwischenfälle machten aber keinen Eindruck auf den Jungen. Wie alltäglich fand er sich am nächsten Morgen wieder ein und forderte in gewohnter Weise „seine" Milch. Die Wirtin gab sie ihm, aber eine gute Lehre dazu: „Du musst bitten lernen, Bub, weißt? – bitten. Bist schon alt genug, bist g'wiss – ja, wenn man bei dir nur was g'wiss wüsst! – g'wiss schon vierzehn. Also merk dir von morgen an: Wenn's kein Bitten gibt, gibt's keine Milch."

Sie blieb dabei, ob es ihr auch schwer wurde. Wie schwer, sah Provi wohl, und es war ihm ein Genuss, eine Befriedigung seiner Lumpeneitelkeit. Ihm, dem Ausgestoßenen, dem Namenlosen, war Macht gegeben, der reichsten Frau im ganzen Ort Stunden zu trüben und die Laune zu verderben. Sie blickte ihm bekümmert nach, wenn er ohne Gruß an ihrer Tür vorüberging, zur Arbeit in den Steinbruch. Dort taglöhnerte er jetzt beim Wegemacher, der ihn in Kost genommen und ihm ein Obdach im Ziegenstall gegeben hatte. Der Wegemacher brauchte nicht, wie die anderen Leute, den Umgang mit Provi für seine Kinder zu fürchten. Den fünf Wegemacherbuben konnte der Auswürfling nichts Böses lehren, sie wussten ohnehin schon alles und waren besonders Meister in der Tierquälerei. Die Ziegen, Kaninchen, die Hühner, die ihnen untertan waren, und der Haushund, die unglückliche Spitzin, gaben Zeugnis davon, ihre Narben erzählten davon und ihre beschädigten Beine und ihre gebrochenen Flügel. Provi fand sein Ergötzen an dem Anblick der Rohheit, den er jetzt stündlich genießen konnte. Er fing für die kleineren der Buben Vögel ein und gab sie ihnen „zum Spielen" und diese Opfer konnten von Glück sagen, wenn sie kein allzu zähes Leben hatten.

Das ärmste von den armen Tieren der Wegemacherfamilie war aber die alte Spitzin. Sie lief nur noch auf drei Beinen und hatte nur noch ein Auge. Ein Fußtritt des Erstgeborenen unter ihren Peinigern hatte sie krumm, ein Steinwurf sie halb blind gemacht. Trotz dieser Mängel trug sie ihr impertinentes Näschen hoch und ihr Schwänzchen aufrecht, bellte jeden fremden Hund, der sich blicken ließ, wütend an und ihre Beschimpfungen gellten ihm auf seinem Rückzug nach. Die Söhne des Wegemachers fürchtete, ihn selbst hasste sie, weil er ihre kaum geborenen Jungen immer wegnahm und bis auf ein einziges in den See warf.

Zu der Zeit, in der Provi beim Wegemacher Steine klopfte und Sand siebte, bekam die Spitzin noch im Greisenalter abermals vier Junge, von denen drei gleich ins Wasser mussten. Sie konnte kaum eines mehr ernähren, sie war zu alt und zu schwach, und es sah ganz danach aus, als ob sie nicht mehr lang leben sollte. Das Geschäft des Ersäufens übertrug der Vater an jenem Tag dem Anton und dem machte etwas, das einem anderen Geschöpf wehtat, dieses Mal kein Vergnügen. Die Spitzin war bissig wie ein Wolf, wenn sie Junge hatte.

„Der Vater fürcht si vor ihr", sagte Anton zu Provi, „drum schickt er mi. Komm mit, halt sie, wenn ich ihr die Jungen nimm, halt ihrs Maul zu, dass' mi nit beißen kann."

Im Holzverschlag neben dem Ziegenstall auf einer Hand voll Stroh lag zusammengeringelt die schwarze Spitzin und unter ihr und um sie herum krabbelten ihre Kleinen und winselten und suchten mit blinden Augen und tasteten mit weichen, hilflosen Pfötchen.

Die Spitzin hob den Kopf, als die Knaben sich ihr näherten, ließ ein feindseliges Knurren vernehmen und fletschte die Zähne.

„Dummes Viech, grausliches!", schrie Anton und streckte halb zornig, halb ängstlich die Hand nach einem der Hündchen aus.

„Halt sie! Halt sie! dass' mi nit beißt!"

Schon recht, wenn's di beißt, dachte Provi. Es fiel ihm gar nicht ein, sich um Antons willen in einen gefährlichen Kampf mit der Hündin einzulassen, nur um die eigene Sicherheit war ihm zu tun und so nahm er seine Zuflucht zu einer Kriegslist, kauerte auf den Boden nieder und hob mit kläglicher Stimme an: „O die orme Spitzin, no jo, no jo! Ruhig, orme Spitzin, so, so … ma tut ihr jo nix, ma nimmt ihr jo nur ihre Jungen, no jo, no jo!“

Die Spitzin zauderte, knurrte noch ein wenig, doch mehr behaglich jetzt als bösartig. Die Worte, die Provi zu ihr sprach, verstand sie nicht, aber ihren sanften, beschwichtigenden Ton verstand sie und dem glaubte sie. Was wusste die Spitzin von Arglist und Heuchelei? Ein Mensch sprach einmal gütig zu ihr, so war auch seine Meinung gütig. Sie legte sich wieder hin, ließ sich streicheln, schloss bei der ungewohnt wohltuenden Berührung wie zu wonnigem Schlaf ihre Augen. Die Schnauze streckte sie in Provis hohle Hand und leckte sie ihm dankbar und zärtlich.

„No – also no!“, rief der den Kameraden an: „Pack's zamm! Mach g'schwind!“ Anton griff zu und im nächsten Augenblick sprang er auch schon mit drei Hündchen in den Armen aus dem Verschlag, in großen, fröhlichen Sätzen über die Straße, die Uferböschung zum See runter. Provi folgte ihm eiligst nach; den Hauptspaß mit anzusehen, wie die Hündchen ertränkt wurden, konnte er sich nicht entgehen lassen.

Es war merkwürdig, dass die Nachbarschaft der Spitzin dem Provi von nun an völlig widerwärtig zu werden begann. Nur schlecht gefügte Bretter trennten seine Schlafstätte von der ihren und jede Nacht störte sie ihn mit ihrem Gewinsel. Im Kopf der Alten war ein „Radel laufet“ worden, sonst hätte sie doch nach einer Zeit begriffen: Die Jungen sind fort und nie, nie mehr zu finden und man muss endlich aufhören nach ihnen zu suchen. Dieses Mal hörte sie nicht auf. Sie musste von einem Tag zum anderen immer wieder vergessen, dass sie gestern schon alle Winkel umsonst durchsucht hatte. Sie schnüffelte, sie kratzte an der Tür, scharrte ihr bisschen Stroh auseinander und wieder zusammen, kroch hinter den Holzstoß, drängte sich in die Ecke, in der die Werkzeuge lehnten, warf einmal ein paar Schaufeln um und flüchtete voll Entsetzen. Eine Zeit lang war Ruhe, dann trippelte sie wieder herum und suchte und suchte! Und ihr Trippeln weckte ihn, an dem früher die brüllenden Rinderherden vorübergezogen waren, ohne ihn im Schlaf zu stören. Wenn er schlief, schlief er, verschlief Hunger und Müdigkeit; dazu vor allem brauchte er einen bombenfesten Schlaf, um den er plötzlich gekommen war, denn jetzt erschrak er beim Herumgehen und Schnüffeln der Alten. Und kalte Schweißtropfen liefen ihm über die Stirn in der „Baracken“, der den ganzen Tag die Sonne aufs Dach schien und in der es so heiß war, dass es in der Hölle nicht heißer sein kann … Ob das auch mit rechten Dingen zuging, ob nicht etwas Übernatürliches dahinter steckte? Freilich, der Anton sagt, es gibt nix Übernatürliches. Aber der Allergescheiteste ist der Anton am Ende doch nicht und dem Provi ist manchmal sogar vorgekommen, dass er ein großer Esel ist; was man allerdings nicht sagen darf, ohne furchtbar gedroschen zu werden von ihm und von seinem Vater. Provi weiß das aus Erfahrung.

An den Wegemacherleuten hatte er seine Meister gefunden, die bändigten ihn mit Schlägen und mit Hunger. „Sticht dich der Hafer?“, hieß es beim geringsten Widerstand und von der elenden und ungenügenden Ration zog ihm sein Herr die Hälfte ab.

Jeder andere wär schon draufgegangen, sagte er sich selbst; er jedoch wollte nicht draufgehen, er wollte noch viel Zeit haben, um den Menschen alles Böse, das sie ihm getan hatten, mit Bösem zu vergelten. Dass es auch einige gab, die ihm Gutes getan hatten, war längst vergessen; und was die Schoberwirtin betraf, die alte Hexe, gegen die hegte er einen unversöhnlichen Groll. Warum schenkte sie ihm nichts mehr, sie, die so viel Geld hatte und so viele Sachen? Sie wusste gewiss nicht, wohin mit ihrem Reichtum, und gab doch nichts umsonst, wollte gebeten werden, um ein paar armselige Tropfen Milch. Wie sie ihn ansah, wenn er vorüberging … Förmlich herausfordernd: So bitt doch! – Die Krot, die! die konnte warten. Einmal hatte sie ihn gar angesprochen: „Du schaust aus! Wie der leibhaftige Hunger schaust aus! Hast noch nicht bitten g'lernt?“ Er rief ihr ein freches Schimpfwort zu und schritt weiter.

Eine Woche verging. Immer noch hatte die Spitzin sich nicht ganz beruhigt, suchte und schnüffelte immer noch, besonders bei Nacht, in ihrem Verschlag herum. So geschah es, dass sie den Provi einmal zu besonders unglücklicher Stunde weckte.

Er hatte sich erst sehr spät auf seiner Lagerstätte aus Hobelspänen und schmutzigem Heu hinstrecken können, weil er noch, nach beendetem Arbeitstag, die Ziegen, die der Wegemacher ins nächste Dorf verkauft, dorthin hatte treiben müssen. Und auch jetzt noch kein Ende der verfluchten Plackerei, nicht einmal ein paar Stunden ungestörten Schlafes? Die Spitzin scharrte und suchte und suchte und Provi drohte und polterte mit den Füßen gegen die Bretterwand. Sie gab nach, ein Stück von ihr fiel krachend hinüber in den Bereich der Spitzin. Sie stieß ein erschrockenes Gebell hervor, das Kleine winselte, dann war alles still. „Teixel überanander, wirst jetzt an Fried geben, Rabenviech?“, murmelte Provi und legte sich zurecht und zog die Knie bis zum Kinn herauf, denn so „schlief es sich am besten“. Aber just jetzt wollte es mit dem Einschlafen nicht gehen, trotz der Stille und trotz seiner Erschöpfung und trotz seiner Schlaftrunkenheit! Allerlei Gedanken kamen dahergeschlichen, ganz neue Gedanken, nie von ihm gedachte. Ja, die Spitzin war ein Rabenvieh mit ihrer Sucherei, wenn aber seine Mutter auch so gewesen wäre wie sie und so rastlos nach ihm gesucht hätte, sie hätte ihn gewiss gefunden; er hatte ja in der Zeitung gestanden, er war angeschlagen gewesen auf dem Bezirksamt. Am End hat es sie gar nicht verlangt ihn zu finden. Die Zigeuner haben ihn am End gar nicht gestohlen, seine Mutter – „die Miserabliche!“ – hat ihn ihnen am End geschenkt, noch draufgezahlt vielleicht, dass sie ihn nehmen ... No jo! vielleicht wird sie sich seiner geschämt haben, war vielleicht was Hohes, eine Bauerntochter oder eine Wirtstochter ... Verfluchter Kuckuck! wenn sie so eine Wirtstochter gewesen wäre und ihn behalten hätte ... Alle Sonntag würde er sich seinen Rausch angetrunken haben und den Montag hätte er immer blaugemacht und im Wirtshaus und auf der Kegelbahn geraucht, getrunken, gerauft. Ein Götterleben malte er sich aus, als – verfluchtes Rabenvieh! – die Spitzin nebenan wieder anfing zu stöhnen und zu kratzen und ihn aus seinen Träumen riss, die so wonnig gewesen waren. Voll Zorn richtete er sich auf, nahm ein Scheit Holz, trat über die niedergeworfenen Bretter in den Verschlag des Hundes und führte knirschend wuchtige Schläge gegen den Boden, auf dem die Spitzin im Dunkeln ängstlich umherschoss. Er sah nicht, wohin er traf, er drosch zu nach rechts und nach links, vorwärts und rückwärts und endlich – da hatte er sie erwischt, da zuckte etwas Weiches, Lebendiges unter seinem wütend geführten Hieb. Ein kurzes, klägliches, ja, ein anklagendes Geheul ertönte, gellte grell und förmlich schmerzhaft an Provis Ohr. Es überrieselte ihn. Was für ein seltsames Geheul das gewesen war ... „No jo“, das „Rabenviech“ hat jetzt genug, wird Ruhe geben, eine Weile wenigstens. Er kehrte zu seiner Lagerstätte zurück, kauerte sich zusammen und schlief gleich ein.

Nach ein paar Stunden erwachte er plötzlich. Die aufgehende Sonne sandte einen feurigen Strahl aus, der ihm durch die Luke in der Tür des Verschlages und durch die Bresche in der Wand leuchtend rot ins Gesicht blitzte. Er öffnete die Augen und stand auf. Die Spitzin kam ihm plötzlich und recht unbehaglich ins Gedächtnis. Wenn er sie „so“ totgeschlagen haben sollte, heute Nacht, würde der Wegemacher, der keinen Eingriff in sein Eigentum duldete, schwerlich versäumen ihn selbst halb tot zu schlagen. „No jo!“, dachte er und fuhr mit den zehn Fingern durch seine staubigen Haare, um die Heustängel zu entfernen, die sich in ihnen verfangen hatten.

Da rührte sich etwas zwischen den Brettern, da kroch es langsam heran. Die Spitzin kroch heran und schleppte ihr Junges im Maul herbei. Sie hatte es an der Nackenhaut gefasst und benetzte es mit ihrem Blute, denn es floss Blut aus ihrem Maul, ein dünner Faden die Brust entlang. Zu Provi schleppte sie ihr Junges, legte es vor ihn nieder, drückte es mit ihrer Schnauze an seine nackten Füße und sah zu ihm auf.

Und ihre Augen hatten eine Sprache, beredter als jede Sprache, die die schönsten Worte bilden kann. Sie äußerte ein grenzenloses Vertrauen, eine flehentliche Bitte und man musste sie verstehen. Wie das Sonnenlicht durch die geschlossenen Lider Provis gedrungen war, so drang der Ausdruck dieser Augen durch den Panzer, der bisher jede gute Regung von der Seele des Buben ferngehalten hatte.

– „Jo! Jo!“, stahl es sich von seinen Lippen. Er antwortete ihr, die nun hinfiel, zuckte, sich streckte ... die er erschlagen hatte und die gekommen war, ihm ihr Kleines anzuvertrauen.

Provi zitterte. Eine fremde, unwiderstehliche Macht ergriff ihn, umwirbelte ihn wie ein Sturm. Sie warf ihn nieder, sie zwang ihn, sein Gesicht auf das Gesicht des toten Hundes zu pressen und ihn zu küssen und zu liebkosen. Sie war's, die aus ihm schrie: „Jo du! Jo du! – du bist a Muatta g'west!“ Sein Herz wollte ihm zerspringen, ein Strom von wildem Leid, von quälender Pein durchtobte ihn und erschütterte ihn bis auf den Grund. Ein vom himmlischen Schmerz des Mitleids erfülltes Kind wand sich schluchzend auf dem Boden und weinte um die alte Spitzin und weinte über ihr Kleines, das sich an seine Mutter drängte und sie anwinselte und Nah-

rung suchte an der früher schon so spärlich fließenden und jetzt gänzlich versiegten Quelle.
„'s is aus, da kriegst nix mehr“, sagte Provi, nahm das Hündchen in seine Hände, legte es an seine Wange und hauchte es an; es zitterte und winselte gar so kläglich. „Hunger hast, Hunger hast, no jo! no jo!“ – Was anfangen mit dem anvertrauten Gut? „Verfluchter Kuckuck“, wenn doch noch die Ziegen da wären! Er würde eine melken, er tät's trotz der schrecklichen Strafe, die drauf steht. Aber die Ziegen sind fort und bis ihm jemand im Wegemacherhaus einen Tropfen Milch für einen Hund schenkt, da kann er lang warten. „Ins Wasser dermit!“, wird's heißen, sobald sie hören, dass die Spitzin tot ist.
„Ins Wasser kummst“, sagte er zum Hündchen, das etwas von dem guten Glauben der Mutter an ihn geerbt haben musste, es schmiegte sich an seinen Hals, saugte an seinem Ohrläppchen und klagte ihm seinen Hunger mit Stöhnen und Wimmern.
„No jo!“, – er wusste schon, nur wie zu helfen wäre, wusste er nicht. Was soll er ihm zu essen geben? Um zu vertragen, was er hinunterschlingt, dazu gehört ein anderer Magen, als so ein Kleines hat ... Aber – verfluchte Krot! – jetzt kam ihm eine Eingebung, jetzt wusste er auf einmal doch, wie zu helfen wäre. Aber – verfluchte Krot! Dieses Mittel konnte er nicht ergreifen – lieber verhungern. Der Entschluss saß eisenfest in seinem oberösterreichischen Dickschädel ... Freilich dämmerte ihm eine Erkenntnis auf, von der er gestern keine Ahnung gehabt hatte – verhungern lassen ist noch etwas ganz anderes als verhungern. Das Kleine gab das Saugen am Ohrläppchen auf; davon wurde es ja doch nicht satt. In stiller Verzweiflung schlossen sich seine kaum dem Licht geöffneten Augen und Provi fühlte es nur noch ganz leise zittern.
Gequält blickte er zur toten Spitzin nieder. Ja, wenn das Junge leben soll, darf man ihm die Mutter nicht erschlagen.
„No, so kumm!“, stieß er plötzlich hervor und sprang aus dem Stall in den Verschlag und schritt resolut vorwärts und dem Dorf zu, biss die Zähne zusammen, dass sie knirschten, sah nicht rechts noch links und ging unaufhaltsam weiter.
Noch rührte sich nichts auf den Feldern, erst in der Nähe der Häuser fing es an ein wenig lebendig zu werden. Ein schlaftrunkener Bäckerjunge schritt über die Straße zum Brunnen, der Knecht des Lohbauern spannte einen dicken Rotschimmel vor den Streifwagen. Aus dem Tor des Wirtshauses kam die alte Magd, von jeher Provis erklärte Feindin. Voll Misstrauen beobachtete sie sein Herannahen, erhob die Faust und befahl ihm sich zu packen. Ihn störte das nicht, er ging an ihr vorbei wie einer, der mit dem Kopf durch die Wand will. Finster und entschlossen, das Kinn auf die Brust gepresst, trat er durch die offene Küchentür. Die Wirtin, die am Herd stand, wandte sich um ... „Grad zum Fürchten“ sah der Bub aus und seine Stimme klang so rauh und hatte etwas so Schmerzhaftes, als ob ihr Ton die Kehle zerrisse, durch die er gepresst wurde:
„Schoberwirtin, Frau Schoberwirtin, i bitt um a Müalch.“
Das war die Wendung in einem Menschenherzen und in einem Menschenschicksal.

Folie 2

Deutsch Literatur	Name: ____________	Klasse: ____	Datum: ________	Nr.: __

Die Spitzin

Marie von Ebner-Eschenbach

Provi

Deutsch Literatur	Name: ______	Klasse: ____	Datum: ______	Nr.: __

Die Spitzin

Marie von Ebner-Eschenbach

verachtete

beschimpfte

prügelte

Provi

hasste

schlug die Spitzin tot

„Schoberwirtin, Frau Schoberwirtin, i bitt um a Müalch."

„Das war die Wendung in einem Menschenherzen und in einem Menschenschicksal."

Thema

Der gute Hirte

Heilige Schrift: Psalm 23

Lernziele

Darlegen können, mit welchen Bildern das Wirken Gottes veranschaulicht wird.
Verstehen, warum der Beter seine Bilder aus dem Leben der Hirten nimmt.
Spüren, dass das Gebet Zuversicht und Geborgenheit zum Ausdruck bringt.

Arbeitsmittel/Medien/Literaturhinweise

1 Textblatt, Folie 1 (Hirte mit Herde), Folie 2 (Das Davidsgrab), Folien 3 und 4 (Bilder von Nomaden)

Tafelbild/Folie

Der gute Hirte

Altes Testament: Psalm 23

Um 1000 v. Chr. entstanden, Verfasser: König David

Vers 1:	Kernaussage: Gott ist der Hirte.
Vers 2–5:	Die Kernaussage wird veranschaulicht und verdeutlicht durch verschiedene „sprachliche Bilder“.
Vers 6:	Gott schützt und behütet ein Leben lang.

Der gute Hirte **ist Gott.**

I. Hinführung Einstimmung:	L: „Wir wollen unsere Unterrichtsstunde mit einer Bildbetrachtung beginnen."
Folie 1 (Hirte mit Herde)	SS lassen Bild auf sich wirken, evtl. musikalische Untermalung.
LSG/freie Aussprache	SS: Hirte mit seiner Herde, Gedanken zum Leben der Hirten, Bild stammt aus Israel usw.
TA/Zielangabe	L: **Der gute Hirte** (Altes Testament: Psalm 23)
II. Textbegegnung und Texterarbeitung:	L trägt Gebet vor, dabei Zimmer leicht verdunkeln, Bild (evtl. Dia) von einem Hirten mit seiner Herde, musikalische Untermalung.
Textblatt *Inhalt* und *Gehalt* werden im Unterrichtsgespräch erarbeitet:	LSG: kurze Aussprache
1. Wer könnte dieses Gebet geschrieben haben? Aus welcher Zeit stammt es? 2. Warum wird gerade der Hirte mit seiner Herde als Bild verwendet? 3. Beschreibe die übrigen der Natur entnommenen Bilder! 4. Versuche den Aufbau dieses Psalms zu erläutern! 5. Mit welchem bekannten Gleichnis kann dieser Psalm verglichen werden? 6. Beschreibe den Glauben des Menschen, der diesen Psalm betet!	
TA Folie 3/4 (Bilder von Nomaden)	zu 1.: König David, ein Jude, lebte um 1000 v. Chr. zu 2.: Das Volk Israels war eine Gruppe von Nomadenstämmen. Der Hirte beschützte, versorgte die Herde. Gott wird so „begreifbar". zu 3.: Grüne Wiesen mit Ruheplatz am Wasser, sichere Wege und Pfade, Gott als Hirte führt auch durch finstere Schluchten. Gott gibt reichlich zu essen und zu trinken. zu 4.: Vers 1: Kernaussage: Gott ist der Hirte. Vers 2–5: Veranschaulichung, Erläuterung der Aussage Vers 6: Gott schützt und behütet ein Leben lang. zu 5.: Vergleich mit dem Gleichnis vom guten Hirten ist möglich. zu 6.: Der Beter vertraut Gott, gibt sein Leben in seine Hände.
III. Wertung: TA, Zeichnung	SS: Bedeutung des Hirten für das Schaf. Bedeutung von Gott für den Menschen. SS: Beide stellen das Gute dar.
IV. Sicherung: Folie 2 (Davidsgrab)	SS übertragen das Tafelbild ins Heft. L informiert über das Grab König Davids. SS lesen den Text still.

Der gute Hirte

Ein Psalm Davids

Der Herr ist mein Hirte,
nichts wird mir fehlen.
2 Er lässt mich lagern auf grünen Auen
und führt mich zum Ruheplatz am Wasser.
3 Er stillt mein Verlangen;
er leitet mich auf rechten Pfaden,
treu seinem Namen.
4 Muss ich auch wandern in finsterer Schlucht,
ich fürchte kein Unheil;
denn du bist bei mir,
dein Stock und dein Stab geben mir Zuversicht.
5 Du deckst mir den Tisch
vor den Augen meiner Feinde.
Du salbst mein Haupt mit Öl,
du füllst mir reichlich den Becher.
6 Lauter Güte und Huld werden mir folgen mein Leben lang
und im Haus des Herrn darf ich wohnen
für lange Zeit.

Folie 1

Folie 2

DAS DAVIDSGRAB

Für die Juden bildet die Grabstätte des Königs David nach der Klagemauer die ehrwürdigste Gedenkstätte Israels. Das Grab wurde hier lokalisiert und beschrieben von Rabbi Benjamin von Tuleda, der Jerusalem im Jahre 1172 besuchte. Es ist aus Stein gehauen, mit einem reich bestickten Tuch bedeckt, worauf Kronen und Torah-Behälter aus Silber stehen.

Folie 3

Folie 4

Thema

Das Wunder

Marie Luise Kaschnitz

Lernziele

Den Inhalt der Erzählung wiedergeben können.
Einblick in die Feier des Weihnachtsfests in Spanien gewinnen.
Die Sorge der Eltern für ihre Kinder als Kraft ihres Lebens begreifen.
Die Dichterin Marie Luise Kaschnitz kennen lernen.
Die Lesefähigkeit verbessern.

Arbeitsmittel/Medien/Literaturhinweise

Folie 1 (Weihnachtsvorfreude), 3 Textblätter, Folie 2 (Weihnachten/Spanien), 1 Arbeitsblatt

Tafelbild/Folie 1

I. Hinführung:

Folie 1 (Weihnachtsvorfreude, Weihnachtsvorbereitungen)	SS: Erzählen von Weihnachtsvorbereitungen
Evtl. Weihnachtslied	
	L: „Wir lesen eine Weihnachtsgeschichte, die in Spanien spielt.“
Zielangabe	TA: **Das Wunder**

II. Textbegegnung:

Wortklärungen:
- Natale: Geburtsfest, hier: Weihnachten
- Albergo: (ital.) Bezeichnung für Wirtshaus, Hotel
- Odyssee: griechisches Heldengedicht von Homer

Gemeinsames Erlesen/Aussprache

III. Textbetrachtung:

Inhalt:	SS: Don Crescenzo erzählt seine Weihnachtsgeschichte. Er ist sehr reich. Die Geschichte beginnt mit der Nacht, in der ein Bergrutsch das Haus der Eltern ins Meer riss. Seit dieser Nacht ist er taub. Nach dem Unglück besaßen seine Eltern nichts mehr. Sein Vater war Arzt, der vielen Menschen half, ohne dafür Geld zu bekommen. So stand ein trauriges Weihnachtsfest bevor. Da geschah das Wunder! Die Patienten seines Vaters revanchierten sich für seine Güte und brachten Holz, Kleider und Essen.
Gehalt:	SS: Mitmenschlichkeit, Hilfsbereitschaft, Güte werden belohnt.
Diskussion	So wie Don Crescenzo seine Kinder „vor dem Hunger, den traurigen Weihnachtsabenden und den Erinnerungen an eine Mutter, die Säcke voll Steine schleppt und sich hinsetzt und weint“, schützen will, wollen auch unsere Eltern uns vor Unheil bewahren.

IV. Sicherung:

SS: Eintrag ins AB

V. Ausweitung:

- Kleine Autorenkunde (Textblatt 3)
- Illustration zu einer Schlüsselstelle der Erzählung (Hausaufgabe: AB!)
- Weihnachtsfest in Spanien (Folie 2)

Das Wunder*

Marie Luise Kaschnitz

Die Schwierigkeit, die man im Verkehr mit Don Crescenzo hat, besteht darin, daß er stocktaub ist. Er hört nicht das geringste und ist zu stolz, den Leuten von den Lippen zu lesen. Trotzdem kann man ein Gespräch mit ihm nicht einfach damit anfangen, daß man etwas auf einen Zettel schreibt. Man muß so tun, als gehöre er noch zu einem, als sei er noch Teil unserer lauten, geschwätzigen Welt.

Als ich Don Crescenzo fragte, wie das an Weihnachten gewesen sei, saß er auf einem der Korbstühlchen am Eingang seines Hotels. Es war sechs Uhr, und der Strom der Mittagskarawanen hatte sich verlaufen. Es war ganz still, und ich setzte mich auf das andere Korbstühlchen, gerade unter das Barometer mit dem Werbebild der Schiffahrtslinie, einem weißen Schiff im blauen Meer. Ich wiederholte meine Frage, und Don Crescenzo hob die Hände gegen seine Ohren und schüttelte bedauernd den Kopf. Dann zog er ein Blöckchen und einen Bleistift aus der Tasche, und ich schrieb das Wort „Natale" und sah ihn erwartungsvoll an.

Ich werde jetzt gleich anfangen, meine Weihnachtsgeschichte zu erzählen, die eigentlich Don Crescenzos Geschichte ist. Aber vorher muß ich noch etwas über diesen Don Crescenzo sagen. Meine Leser müssen wissen, wie arm er einmal war und wie reich er jetzt ist, ein Herr über hundert Angestellte, ein Besitzer von großen Wein- und Zitronengärten und von sieben Häusern. Sie müssen sich sein Gesicht vorstellen, das mit jedem Jahr der Taubheit sanfter wirkt, so als würden Gesichter nur von der beständigen Rede und Gegenrede geformt und bestimmt. Sie müssen ihn vor sich sehen, wie er unter den Gästen seines Hotels umhergeht, aufmerksam und traurig und schrecklich allein. Und dann müssen sie auch erfahren, daß er sehr gern aus seinem Leben erzählt und daß er dabei nicht schreit, sondern mit leiser Stimme spricht.

Oft habe ich ihm zugehört, und natürlich war mir auch die Weihnachtsgeschichte schon bekannt. Ich wußte, daß sie mit der Nacht anfing, in der der Berg kam, ja, so hatten sie geschrien: der Berg kommt, und sie hatten das Kind aus dem Bett gerissen und den schmalen Felsenweg entlang. Er war damals sieben Jahre alt, und wenn Don Crescenzo davon berichtete, hob er die Hände an die Ohren, um zu verstehen zu geben, daß dieser Nacht gewiß die Schuld an seinem jetzigen Leiden zuzuschreiben sei.

„Ich war sieben Jahre alt und hatte das Fieber", sagte Don Crescenzo und hob die Hände gegen die Ohren, auch dieses Mal. „Wir waren alle im Nachthemd, und das war es auch, was uns geblieben war, nachdem der Berg unser Haus ins Meer gerissen hatte, das Hemd auf dem Leibe, sonst nichts. Wir wurden von Verwandten aufgenommen, und andere Verwandte haben uns später das Grundstück gegeben, dasselbe, auf dem jetzt das Albergo steht. Meine Eltern haben dort, noch bevor der Winter kam, ein Haus gebaut. Mein Vater hat die Maurerarbeiten gemacht, und meine Mutter hat ihm die Ziegel in Säcken den Abhang hinuntergeschleppt. Sie war klein und schwach, und wenn sie glaubte, daß niemand in der Nähe sei, setzte sie sich einen Augenblick auf die Treppe und seufzte, und die Tränen liefen ihr über das Gesicht. Gegen Ende des Jahres war das Haus fertig, und wir schliefen auf dem Fußboden, in Decken gewickelt, und froren sehr."

„Und dann kam Weihnachten", sagte ich und deutete auf das Wort „Natale", das auf dem obersten Zettel stand.

„Ja", sagte Don Crescenzo, „dann kam Weihnachten, und an diesem Tage war mir so traurig zumute, wie in meinem ganzen Leben nicht. Mein Vater war Arzt, aber einer von denen, die keine Rechnungen schreiben. Er ging hin und behandelte die Leute, und wenn sie fragten, was sie schuldig seien, sagte er, zuerst müßten sie die Arzneien kaufen und dann das Fleisch für die Suppe, und dann wolle er ihnen sagen, wieviel. Aber er sagte es nie. Er kannte die Leute hier sehr gut und wußte, daß sie kein Geld hatten. Er brachte es einfach nicht fertig, sie zu drängen, auch damals nicht, als wir alles verloren hatten und die letzten Ersparnisse durch den Hausbau aufgezehrt waren. Er versuchte es einmal, kurz vor Weihnachten, an dem Tage, an dem wir unser letztes Holz im Herd verbrannten.

An diesem Abend brachte meine Mutter einen Stoß weißer Zettel nach Hause und legte sie

* Dieser Text bleibt aus lizenzrechtlichen Gründen in alter Rechtschreibung.

vor meinen Vater hin, und dann nannte sie eine Reihe von Namen, und mein Vater schrieb die Namen auf die Zettel und jedesmal ein paar Zahlen dazu. Aber als er damit fertig war, stand er auf und warf die Zettel in das Herdfeuer, das gerade am Ausgehen war. Das Feuer flackerte sehr schön, und ich freute mich darüber, aber meine Mutter fuhr zusammen und sah meinen Vater traurig und zornig an.

So kam es, daß wir am vierundzwanzigsten Dezember kein Holz mehr hatten, kein Essen und keine Kleider, die anständig genug gewesen wären, damit in die Kirche zu gehen. Ich glaube nicht, daß meine Eltern sich darüber viel Gedanken machten. Erwachsene, denen so etwas geschieht, sind gewiß der Überzeugung, daß es ihnen schon einmal wieder besser gehen wird und daß sie dann essen und trinken und Gott loben können, wie sie es oft getan haben im Laufe der Zeit. Aber für ein Kind ist das etwas ganz anderes. Ein Kind sitzt da und wartet auf das Wunder, und wenn das Wunder nicht kommt, ist alles aus und vorbei …“

Bei diesen Worten beugte sich Don Crescenzo vor und sah auf die Straße hinaus, so als ob dort etwas seine Aufmerksamkeit in Anspruch nähme. Aber in Wirklichkeit versuchte er nur, seine Tränen zu verbergen. Er versuchte, mich nicht merken zu lassen, wie das Gift der Enttäuschung noch heute alle Zellen seines Körpers durchdrang.

„Unser Weihnachtsfest“, fuhr er nach einer Weile fort, „ist gewiß ganz anders als die Weihnachten bei Ihnen zu Hause. Es ist ein sehr lautes, sehr fröhliches Fest. Das Jesukind wird im Glasschrein in der Prozession getragen, und die Blechmusik spielt. Viele Stunden lang werden Böllerschüsse abgefeuert, und der Hall dieser Schüsse wird von den Felsen zurückgeworfen, so daß es sich anhört wie eine gewaltige Schlacht. Raketen steigen in die Luft, entfalten sich zu gigantischen Palmenbäumen und sinken in einem Regen von Sternen zurück ins Tal. Die Kinder johlen und lärmen, und das Meer mit seinen schwarzen Winterwellen rauscht so laut, als ob es vor Freude schluchze und singe. Das ist unser Christfest, und der ganze Tag vergeht mit Vorbereitungen dazu. Die Knaben richten ihre kleinen Feuerwerkskörper, und die Mädchen binden Kränze und putzen die versilberten Fische, die sie der Madonna umhängen. In allen Häusern wird gebraten und gebacken und süßer Sirup gerührt.

So war es auch bei uns gewesen, solange ich denken konnte. Aber in der Christnacht, die auf den Bergsturz folgte, war es in unserem Hause furchtbar still. Es brannte kein Feuer, und darum blieb ich so lange wie möglich draußen, weil es dort immer ein wenig wärmer war als drinnen. Ich saß auf den Stufen und sah zur Straße hinauf, wo die Leute vorübergingen und wo die Wagen mit ihren schwachen Öllämpchen auftauchten und wieder verschwanden. Es war eine Menge Leute unterwegs, Bauern, die mit ihren Familien in die Kirche fuhren, und andere, die noch etwas zu verkaufen hatten, Eier und lebendige Hühner und Wein. Als ich da saß, konnte ich das Gegacker der Hühner hören und das lustige Schwatzen der Kinder, die einander erzählten, was sie alles erleben würden heute nacht. Ich sah jedem Wagen nach, bis er in dem dunklen Loch des Tunnels verschwand, und dann wandte ich den Kopf wieder und schaute nach einem neuen Fuhrwerk aus; als es auf der Straße stiller wurde, dachte ich, das Fest müsse begonnen haben, und ich würde nun etwas vernehmen von dem Knattern der Raketen und den Schreien der Begeisterung und des Glücks. Aber ich hörte nichts als die Geräusche des Meeres, das gegen die Felsen klaschte, und die Stimme meiner Mutter, die betete und mich aufforderte, einzustimmen in die Litanei. Ich tat es schließlich, aber ganz mechanisch und mit verstocktem Gemüt. Ich war sehr hungrig und wollte mein Essen haben, Fleisch und Süßes und Wein. Aber vorher wollte ich mein Fest haben, mein schönes Fest … Und dann auf einmal veränderte sich alles auf eine unfaßbare Art. Die Schritte auf der Straße gingen nicht mehr vorüber, und die Fahrzeuge hielten an. Im Schein der Lampen sahen wir einen prallen Sack, der in unseren Garten geworfen, und hochgepackte Körbe, die an den Rand der Straße gestellt wurden. Eine Ladung Holz und Reisig rutschte die Stufen herunter, und als ich mich vorsichtig die Treppe hinauftastete, fand ich auf dem niederen Mäuerchen, auf Tellern und Schüsseln, Eier, Hühner und Fisch. Es dauerte eine ganze Weile, bis die geheimnisvollen Geräusche zum Schweigen kamen und wir nachsehen konnten, wie reich wir mit einem Male waren. Da ging meine Mutter in die Küche und machte Feuer an, und ich stand draußen und sog inbrünstig den Duft in mich ein, der bei der Verbindung von heißem Öl, Zwiebeln, gehacktem Hühnerfleisch und Rosmarin entsteht. Ich wußte in diesem Augenblick nicht, was meine Eltern schon ahnen mochten, nämlich, daß die Patienten meines Vaters, diese alten Schuldner, sich abgesprochen hatten, ihm Freude zu machen auf diese Art. Für mich fiel alles vom Himmel, die Eier und das Fleisch, das Licht der Kerzen, das Herdfeuer und der schöne Kittel, den ich mir aus einem Packen Kleider hervorwühlte und so schnell wie möglich überzog. „Lauf“, sagte meine Mutter, und ich lief die Straße hinunter und durch den langen, finsteren Tunnel, an dessen Ende es schon glühte und funkelte von buntem Licht. Als ich in die Stadt kam, sah ich schon von weitem den roten und goldenen Baldachin, unter dem der Bischof die steile Treppe hinaufgetragen wurde. Ich hörte die Trommeln und die Pauken und das Evivageschrei und brüllte aus Leibeskräften mit. Und dann fingen die großen Glocken in ihrem offenen Turm an zu schwingen und zu dröhnen.“

Don Crescenzo schwieg und lächelte freudig vor sich hin. Gewiß hörte er jetzt wieder, mit einem inneren Gehör, alle diese heftigen und wilden Geräusche, die für ihn so lange zum Schweigen gekommen waren und die ihm in seiner Einsamkeit noch viel mehr als jedem anderen Menschen bedeuteten: Menschenliebe, Gottesliebe, Wiedergeburt des Lebens aus dem Dunkel der Nacht.

Ich sah ihn an, und dann nahm ich das Blöckchen zur Hand. Sie sollten schreiben, Don Crescenzo. Ihre Erinnerungen. – „Ja“, sagte Don Crescenzo, „das sollte ich.“ Einen Augenblick richtete er sich hoch auf, und man konnte ihm ansehen, daß er die Geschichte seines Lebens nicht geringer einschätzte als das, was im Alten Testament stand oder in der Odyssee. Aber dann schüttelte er den Kopf. „Zuviel zu tun“, sagte er.

Und auf einmal wußte ich, was er mit all seinen Umbauten und Neubauten, mit der Bar und den Garagen und dem Aufzug hinunter zum Badeplatz im Sinne hatte. Er wollte seine Kinder schützen vor dem Hunger, den traurigen Weihnachtsabenden und den Erinnerungen an eine Mutter, die Säcke voll Steine schleppt und sich hinsetzt und weint.

Marie Luise Kaschnitz (1901–1974) ist eine bedeutende Lyrikerin und Erzählerin des 20. Jahrhunderts.
Ihre Erlebnisse und Eindrücke, die sie auf zahlreichen Reisen mit ihrem Ehemann, einem Archäologen, gewann, hielt sie in Gedichten und Erzählungen fest, die in Italien, Griechenland, Nordafrika oder in Spanien spielen.
In der Erzählung „Das Wunder“ lässt sie einen Spanier über das Weihnachtsfest in seiner Kindheit berichten.

Folie 2

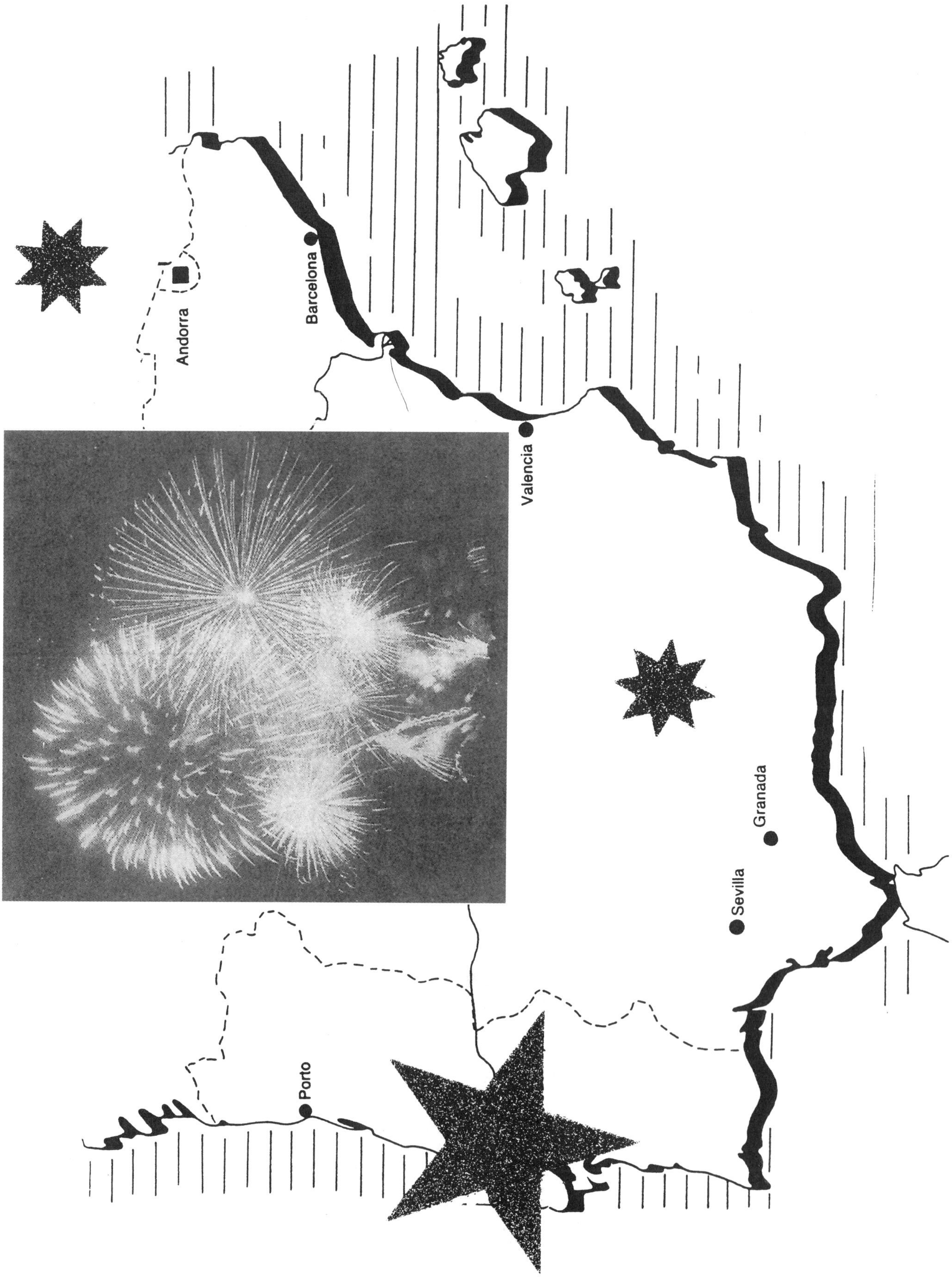

Deutsch Literatur	Name: ____________	Klasse: ______	Datum: ________	Nr.: ___

Das Wunder

Marie Luise Kaschnitz

Die Personen: ____

Die Dichterin Marie Luise Kaschnitz erzählt eine ______________________, die sich in ____________ zugetragen hat.

__________________ erzählt, wie er einst als kleiner Junge einen sehr traurigen Weihnachtsabend erlebte, der dann – wie durch ein Wunder – zu einem fröhlichen Fest wurde.

Ein Bergrutsch hatte das Haus der Eltern ins Meer gerissen. Sie hatten nur noch das „____________ __________________“, sonst nichts.

Ein trauriges Weihnachtsfest schien bevorzustehen. Da geschah das Wunder!

Die Patienten des Vaters, der von ihnen keine Rechnungen eintrieb, brachten ______________, __________ und __________.

Auf diese Weise erfuhr Don Crescenzo als Junge wahre „ ______________________________ ____“.

Auf die Anregung, Don Crescenzo solle seine Erinnerungen niederschreiben, lässt die Erzählerin ihn antworten: „ ____!“

Die Erzählerin erkennt, welche Absicht hinter der vielen Arbeit Don Crescenzos steckt:

„____

____

____.“

Deutsch **Literatur**	Name: ______	Klasse: ____	Datum: ______	Nr.: __

Das Wunder

Marie Luise Kaschnitz

Die Personen: *Die Erzählerin, Don Crescenzo, seine Eltern.*

Die Dichterin Marie Luise Kaschnitz erzählt eine *Weihnachtsgeschichte*, die sich in *Spanien* zugetragen hat.

Don Crescenzo erzählt, wie er einst als kleiner Junge einen sehr traurigen Weihnachtsabend erlebte, der dann – wie durch ein Wunder – zu einem fröhlichen Fest wurde.

Ein Bergrutsch hatte das Haus der Eltern ins Meer gerissen. Sie hatten nur noch das „*Hemd auf dem Leibe*“, sonst nichts.

Ein trauriges Weihnachtsfest schien bevorzustehen. Da geschah das Wunder!

Die Patienten des Vaters, der von ihnen keine Rechnungen eintrieb, brachten *Holz*, *Kleider* und *Essen*.

Auf diese Weise erfuhr Don Crescenzo als Junge wahre „*Menschenliebe, Gottesliebe, Wiedergeburt des Lebens aus dem Dunkel der Nacht*“.

Auf die Anregung, Don Crescenzo solle seine Erinnerungen niederschreiben, lässt die Erzählerin ihn antworten: „*Zu viel zu tun*

Die Erzählerin erkennt, welche Absicht hinter der vielen Arbeit Don Crescenzos steckt:

„*Er wollte seine Kinder schützen vor dem Hunger, den traurigen Weihnachtsabenden und den Erinnerungen an eine Mutter, die Säcke voll Steine schleppt und sich hinsetzt und weint*.“

Thema

Die Heilige Nacht

Selma Lagerlöf

Lernziele

Kennenlernen des Inhalts und der Struktur des Textes.
Den Text sinngestaltend vortragen können.
Kennenlernen der schwedischen Dichterin.
Erkennen, dass dieser Text eine Bereicherung für das eigene Leben darstellt.

Arbeitsmittel/Medien/Literaturhinweise

2 Textblätter (Erzählung), Folie 1 (Christi Geburt), Folie 2 (Lukas-Evangelium), Folie 3 (Zeichnung: Hirte), 1 Arbeitsblatt

Tafelbild/Folie

Die Heilige Nacht

**1856 Selma Lagerlöf †1940*

Großmutter erzählt der Enkelin

eine Legende über

die Geburt Jesu.

Der Hirte erkennt:

Barmherzigkeit öffnet die Augen,
um Gottes Herrlichkeit zu sehen.

I. Hinführung und Einstimmung:	L und SS setzen sich in einem Erzählkreis zusammen. Der Adventskranz wird angezündet, evtl. wird gemeinsam ein Adventslied gesungen oder ein Gedicht vorgetragen.
Folie 1/freie Aussprache	SÄ: „… Das Bild zeigt Maria und Josef mit dem Kind. Sie befinden sich in einem Stall.“
	L: „Dieses Holzrelief entstand um 1500. Bei dem Künstler handelt es sich um Michel Erhart.“
TA/Zielangabe	L: „Selma Lagerlöf, eine schwedische Dichterin, hat zu dieser Thematik eine Erzählung geschrieben, mit dem Titel ‚**Die Heilige Nacht**‘.“
II. Textbegegnung: Textblatt	L liest die Geschichte vor. (Die Vortragsweise soll Inhalt und Stimmung gut zum Ausdruck bringen.)
Inhalt:	SS äußern sich zum Inhalt der Erzählung.
	SS lesen die Erzählung nochmals still.
Gehalt: 1. Großmutters Erzählung beinhaltet eine Legende. Welche biblische Geschichte wird hier angesprochen? Lest das entsprechende Kapitel im Lukas-Evangelium (Folie 2)! 2. Die Legende wird durch eine Erzählung eingerahmt. Was erfahrt ihr hierbei? 3. In der Weihnachtsnacht geschehen merkwürdige Dinge. Sucht die entsprechenden Textstellen und überlegt, was die Dichterin hiermit ausdrücken will!	
Schülerberichte	zu 1.: Geburt Jesu, Neues Testament zu 2.: Großmutter und Enkelin können nicht mit in die Mitternachtsmesse. Großmutter erzählt eine Geschichte. Die kleine Enkelin wird von dem Vortrag gefesselt. Sie erfährt kindgerecht die Besonderheit der Weihnachtsgeschichte.
Folie 3	zu 3.: Hunde beißen nicht, Schafe erschrecken nicht, die Lanze tötet nicht, das Feuer verbrennt nicht.
TA	Barmherzigkeit öffnet die Augen, um Gottes Herrlichkeit zu sehen.
III. Vertiefung:	L: „Sucht Beispiele aus dem täglichen Leben, in denen Menschen Barmherzigkeit zeigen und dabei selbst Freude verspüren!“
LSG / freie Aussprache	SS: Hilfsaktion in der Adventszeit, Unterstützung ausländischer Mitbürger usw.
IV. Sicherung:	L informiert über die Dichterin. SS übertragen das Tafelbild auf das Arbeitsblatt und ergänzen es.

Die Heilige Nacht

Selma Lagerlöf

Es war an einem Weihnachtstag, alle waren zur Kirche gefahren, außer Großmutter und mir. Ich glaube, wir beide waren im ganzen Hause allein. Wir hatten nicht mitfahren können, weil die eine zu jung und die andere zu alt war. Und alle beide waren wir betrübt, dass wir nicht zum Mettegesang fahren und die Weihnachtslichter sehen konnten. Aber wie wir so in unserer Einsamkeit saßen, fing Großmutter zu erzählen an.

„Es war einmal ein Mann", sagte sie, „der in die dunkle Nacht hinausging, um sich Feuer zu leihen. Er ging von Haus zu Haus und klopfte an. ‚Ihr lieben Leute, helft mir!', sagte er. ‚Mein Weib hat eben ein Kindlein geboren und ich muss Feuer anzünden, um sie und den Kleinen zu erwärmen.'

Aber es war tiefe Nacht, sodass alle Menschen schliefen, und niemand antwortete ihm.

Der Mann ging und ging. Endlich erblickte er in weiter Ferne einen Feuerschein. Da wanderte er dieser Richtung zu und sah, dass das Feuer im Freien brannte. Eine Menge weißer Schafe lagen rings um das Feuer und schliefen und ein alter Hirt wachte über der Herde. Als der Mann, der Feuer leihen wollte, zu den Schafen kam, sah er, dass drei große Hunde zu Füßen des Hirten ruhten und schliefen.

Sie erwachten alle drei bei seinem Kommen und sperrten ihre weiten Rachen auf, als ob sie bellen wollten, aber man vernahm keinen Laut. Der Mann sah, dass sich die Haare auf ihrem Rücken sträubten, er sah, wie ihre scharfen Zähne funkelnd weiß im Feuerschein leuchteten und wie sie auf ihn losstürzten. Er fühlte, dass einer nach seiner Hand schnappte und dass einer sich an seine Kehle hängte. Aber die Kinnladen und die Zähne, mit denen die Hunde beißen wollten, gehorchten ihnen nicht und der Mann litt nicht den kleinsten Schaden. Nun wollte der Mann weitergehen, um das zu finden, was er brauchte. Aber die Schafe lagen so dicht nebeneinander, Rücken an Rücken, dass er nicht vorwärts kommen konnte. Da stieg der Mann auf die Rücken der Tiere und wanderte über sie hin dem Feuer zu. Und keins von den Tieren wachte auf oder regte sich."

So weit hatte Großmutter ungestört erzählen können, aber nun konnte ich es nicht lassen, sie zu unterbrechen. „Warum regten sie sich nicht, Großmutter?", fragte ich. „Das wirst du nach einem Weilchen schon erfahren", sagte Großmutter und fuhr mit ihrer Geschichte fort.

„Als der Mann fast beim Feuer angelangt war, sah der Hirt auf. Es war ein alter, mürrischer Mann, der unwirsch und hart gegen alle Menschen war. Und als er einen Fremden kommen sah, griff er nach seinem langen, spitzigen Stabe, den er in der Hand zu halten pflegte, wenn er seine Herde hütete, und warf ihn nach ihm. Und der Stab fuhr zischend gerade auf den Mann los, aber ehe er ihn traf, wich er zur Seite und sauste an ihm vorbei, weit über das Feld."

Als Großmutter so weit gekommen war, unterbrach ich sie abermals. „Großmutter, warum wollte der Stock den Mann nicht schlagen?" Aber Großmutter ließ es sich nicht einfallen mir zu antworten, sondern fuhr mit ihrer Erzählung fort. „Nun kam der Mann zu dem Hirten und sagte zu ihm: ‚Guter Freund, hilf mir und leih mir ein wenig Feuer. Mein Weib hat eben ein Kindlein geboren und ich muss Feuer machen, um sie und den Kleinen zu erwärmen.' Der Hirt hätte am liebsten Nein gesagt, aber als er daran dachte, dass die Hunde dem Manne nicht hatten schaden können, dass die Schafe nicht vor ihm davongelaufen waren und dass sein Stab ihn nicht fällen wollte, da wurde ihm ein wenig bange und er wagte es nicht dem Fremden das abzuschlagen, was er begehrte. ‚Nimm so viel du brauchst', sagte er zu dem Manne.

Aber das Feuer war beinahe ausgebrannt. Es waren keine Scheite und Zweige mehr übrig, sondern nur ein großer Gluthaufen und der Fremde hatte weder Schaufel noch Eimer, worin er die roten Kohlen hätte tragen können.

Als der Hirt dies sah, sagte er abermals: ‚Nimm, so viel du brauchst!' Und er freute sich, dass der Mann kein Feuer wegtragen konnte. Aber der Mann beugte sich hinunter, holte die Kohlen mit bloßen Händen aus der Asche und legte sie in seinen Mantel. Und weder versengten die

Kohlen seine Hände, als er sie berührte, noch versengten sie seinen Mantel, sondern der Mann trug sie fort, als wenn es Nüsse oder Äpfel gewesen wären."

Aber hier wurde die Märchenerzählerin zum dritten Mal unterbrochen. „Großmutter, warum wollte die Kohle den Mann nicht brennen?"

„Das wirst du schon hören", sagte Großmutter und dann erzählte sie weiter. „Als dieser Hirt, der ein so böser, mürrischer Mann war, dies alles sah, begann er sich bei sich selbst zu wundern: ‚Was kann dies für eine Nacht sein, wo die Hunde die Schafe nicht beißen, die Schafe nicht erschrecken, die Lanze nicht tötet und das Feuer nicht brennt?' Er rief den Fremden zurück und sagte zu ihm: ‚Was ist dies für eine Nacht? Und woher kommt es, dass alle Dinge dir Barmherzigkeit zeigen?'

Da sagte der Mann: ‚Ich kann es dir nicht sagen, wenn du selber es nicht siehst.' Und er wollte seiner Wege gehen, um bald ein Feuer anzünden und Weib und Kind wärmen zu können.

Aber da dachte der Hirt, er wolle den Mann nicht ganz aus dem Gesicht verlieren, bevor er erfahren hätte, was dies alles bedeute. Er stand auf und ging ihm nach, bis er dorthin kam, wo der Fremde daheim war.

Da sah der Hirt, dass der Mann nicht einmal eine Hütte hatte, um darin zu wohnen, sondern er hatte sein Weib und sein Kind in einer Berggrotte liegen, wo es nichts gab als nackte, kalte Steinwände.

Aber der Hirt dachte, dass das arme, unschuldige Kindlein vielleicht dort in der Grotte erfrieren würde, und obgleich er ein harter Mann war, wurde er davon doch ergriffen und beschloss dem Kinde zu helfen. Und er löste sein Ränzel von der Schulter und nahm daraus ein weiches, weißes Schaffell hervor. Das gab er dem fremden Manne und sagte, er möge das Kind darauf betten.

Aber in demselben Augenblick, in dem er zeigte, dass auch er barmherzig sein konnte, wurden ihm die Augen geöffnet und er sah, was er vorher nicht hatte sehen, und hörte, was er vorher nicht hatte hören können.

Er sah, dass rund um ihn ein dichter Kreis von kleinen, silberbeflügelten Englein stand. Und jedes von ihnen hielt ein Saitenspiel in der Hand und alle sangen sie mit lauter Stimme, dass in dieser Nacht der Heiland geboren wäre, der die Welt von ihren Sünden erlösen solle.

Da begriff er, warum in dieser Nacht alle Dinge so froh waren, dass sie niemanden etwas zuleide tun wollten.

Und nicht nur rings um den Hirten waren Engel, sondern er sah sie überall. Sie saßen in der Grotte und sie saßen auf dem Berge und sie flogen unter dem Himmel. Sie kamen in großen Scharen über den Weg gegangen, und wie sie vorbeikamen, blieben sie stehen und warfen einen Blick auf das Kind. Es herrschte eitel Jubel und Freude und Singen und Spiel und das alles sah er in der dunklen Nacht, in der er früher nichts zu gewahren vermocht hatte. Und er wurde so froh, dass seine Augen geöffnet waren, dass er auf die Knie fiel und Gott dankte."

Aber als Großmutter so weit gekommen war, seufzte sie und sagte: „Aber was der Hirte sah, das könnten wir auch sehen, denn die Engel fliegen in jeder Weihnachtsnacht unter dem Himmel, wenn wir sie nur zu gewahren vermögen."

Und dann legte Großmutter ihre Hand auf meinen Kopf und sagte: „Dies sollst du dir merken, denn es ist so wahr, wie dass ich dich sehe und du mich siehst.

Nicht auf Lichter und Lampen kommt es an und es liegt nicht an Mond und Sonne, sondern was Not tut, ist, dass wir Augen haben, die Gottes Herrlichkeit sehen können."

Folie 1			

Folie 2

(Lukas-Evangelium)

2 *Die Geburt Jesu.* ◖1 · In jenen Tagen geschah es, dass vom Kaiser Augustus ein Befehl
ausging, dass der gesamte Erdkreis aufgezeichnet werde. 2 · Diese erste Aufzeichnung ge-
schah, als Quirinius Statthalter von Syrien war. 3 · Alle gingen hin sich eintragen zu lassen, ein
jeder in seine Stadt. 4 · Auch Joseph zog von Galiläa, aus der Stadt Nazareth, hinauf nach Judäa
in die Stadt Davids, die Bethlehem heißt – weil er aus dem Hause und Geschlechte Davids war
–, 5 · um sich eintragen zu lassen, zusammen mit Maria, seiner Verlobten, die gesegneten Leibes
war. 6 · Während sie dort waren, geschah es, dass sich die Tage erfüllten, da sie gebären sollte,
7 · und sie gebar ihren erstgeborenen Sohn, hüllte ihn in Windeln und legte ihn in eine Krippe,
weil nicht Platz für sie war in der Herberge.
Offenbarung an die Hirten. 8 · In derselben Gegend waren Hirten auf freiem Felde und hielten
Nachtwache bei ihrer Herde. 9 · Da trat ein Engel des Herrn zu ihnen und es umstrahlte sie die
Herrlichkeit des Herrn und sie fürchteten sich sehr. 10 · Der Engel aber sprach zu ihnen:
„Fürchtet euch nicht! Denn seht, ich verkünde euch eine große Freude, die dem ganzen Volke
zuteil werden soll: 11 · Euch wurde heute in der Stadt Davids ein Retter geboren, der ist Mes-
sias und Herr. 12 · Und dies soll euch zum Zeichen sein: Ihr werdet ein Kindlein finden, in Win-
deln eingehüllt und in einer Krippe liegend!" 13 · Und auf einmal erschien mit dem Engel eine
große Schar des himmlischen Heeres, die Gott priesen mit den Worten: 14 · „Ehre ist Gott in
der Höhe und auf Erden Friede unter Menschen eines guten Willens!" ◗ ◖ 15 · Und es ge-
schah, als die Engel von ihnen weg zum Himmel entschwanden, sagten die Hirten zueinander:
„Lasst uns hinübergehen nach Bethlehem und schauen, was da geschehen ist, von dem der
Herr uns Kunde gab!" 16 · Und sie gingen eilends und fanden Maria und Joseph und das Kind,
das in der Krippe lag. 17 · Als sie es sahen, berichteten sie von dem Wort, das ihnen über dieses
Kind gesagt worden war. 18 · Und alle, die es hörten, wunderten sich über das, was ihnen von
den Hirten erzählt wurde. 19 · Maria behielt alle diese Worte und erwog sie in ihrem Herzen.
20 · Die Hirten aber kehrten zurück und priesen und lobten Gott für all das, was sie gehört und
gesehen hatten, so wie es ihnen gesagt worden war. ◗

Folie 3

Deutsch Literatur	Name: ______________	Klasse: ______	Datum: ________	Nr.: ___

Die Heilige Nacht

Selma Lagerlöf

Die schwedische Dichterin wurde am 20. November 1856 in Marbacka geboren. Nach Abschluss ihrer Ausbildung trat sie 1885 eine Stelle als Lehrerin an.
Auf der Grundlage alter Sagen verknüpfte sie die Geschichte ihrer Heimat mit der ihrer eigenen glücklichen Kindheit. 1909 erhielt sie den Literaturnobelpreis. Bis zu ihrem Tod am 16. März 1940 veröffentlichte die Schriftstellerin noch viele Werke.

Bekannt sind:

____

____

____

Aufbau der Geschichte:

____

____

____

____

____

____

Besonderheiten innerhalb der Geschichte:

____

____

____

____

Barmherzigkeit könnte heute so aussehen:

____

____

Deutsch Literatur	Name: ______	Klasse: ______	Datum: ______	Nr.: __

Die Heilige Nacht

Selma Lagerlöf

Die schwedische Dichterin wurde am 20. November 1856 in Marbacka geboren. Nach Abschluss ihrer Ausbildung trat sie 1885 eine Stelle als Lehrerin an.
Auf der Grundlage alter Sagen verknüpfte sie die Geschichte ihrer Heimat mit der ihrer eigenen glücklichen Kindheit. 1909 erhielt sie den Literaturnobelpreis. Bis zu ihrem Tod am 16. März 1940 veröffentlichte die Schriftstellerin noch viele Werke.

Bekannt sind:

Nils Holgersson (1906/07),

Jerusalem (1901/02),

Gösta Berling (1891).

Aufbau der Geschichte:

Großmutter erzählt der Enkelin

eine Legende über die

Geburt Jesu

Der Hirte erkennt:

Barmherzigkeit öffnet die Augen,

um Gottes Herrlichkeit zu sehen.

Besonderheiten innerhalb der Geschichte:

Hunde beißen nicht.

Schafe erschrecken nicht.

Die Lanze tötet nicht.

Das Feuer verbrennt nicht.

Barmherzigkeit könnte heute so aussehen:

Wir helfen im Rahmen einer Hilfsaktion Kindern in Krisengebieten. Wir unterstützen ausländische Mitbürger. Wir helfen alten oder kranken Menschen.

Thema

Shalom heißt Frieden

Susanne von Schroeter

Lernziele

Erkennen der Problematik von Außenseitertum und Rassismus.
Herausarbeiten der wesentlichen Phasen der mitmenschlichen Begegnung zwischen Martin und Salo.
Reflektieren über das eigene Verhalten bezüglich Außenseitern.
Reflektieren über ähnliche Phänomene in unserer Zeit.

Arbeitsmittel/Medien/Literaturhinweise

3 Textblätter, Folie 1 (Bilder zur Ausländerproblematik), 1 Arbeitsblatt

Tafelbild/Folie

Shalom heißt Frieden

Inhalt:

Der Neue:
- seltsamer Name,
- Unkenntnis der Schüler,
- unverständliches Verhalten der Erwachsenen (Mutter, Onkel),
- übertriebene Freundlichkeit des Lehrers.

Phasen der Ablehnung:
- Mathematikaufgabe (Salo rechnet besser!),
- Spott des Klassenkameraden,
- Salos Lichtbildervortrag,
- Schulfest (Salos Klavierspiel),
- Auslachen beim Sport,
- Spott durch die Zeichnung,
- Weglaufen nach der Schwimmstunde.

Die Reue:
- Zeitungsnotiz (erste Gewissensbisse),
- Anhören der Nachrichten,
- Alptraum,
- Verängstigung – geistige Abwesenheit Martins.

Die Wende
- Salo ist wieder da,
- Martins Verunsicherung,
- Martin will Salo bei der Hausaufgabe helfen,
- der Besuch bei Salo verändert seine Vorstellungen,
- der Gruß „Shalom" besiegelt eine Freundschaft.

Gehalt: Überlieferte Meinungen, Unkenntnis, Andersartigkeit von Sitten, Sprache und Religion sowie Vorurteile prägen häufig unser Bild von Ausländern. Durch die eigene Auseinandersetzung (Gespräch, Kennenlernen) mit Ausländern kann es zu einer Verhaltensänderung kommen.

I. Hinführung:

Impuls	OHP:	Folie: Bilder zur Ausländerproblematik in Deutschland
	SÄ:	„... Fremdenhass, Vorurteile, Asyl ...“
Zielangabe	TA:	**Shalom heißt Frieden**

II. Textbegegnung:

	L	liest bis Zeile 83: „Martin schlief schlecht diese Nacht.“
	SS	äußern sich zum weiteren Verlauf (Vermutungen).
	SS	lesen zu Ende.

III. Ausweitung:

1. Teilziel: Inhaltsangabe Arbeitsaufträge (auf dem dritten Textblatt)	OHP:	Folie: Arbeitsaufträge 1–8
	GA:	...
	TA:	Inhalt (siehe Tafelbild)
	SS :	Eintrag ins AB
2. Teilziel: „Gründe für Ausländerfeindlichkeit“ Impuls	L :	„Martins Ablehnung gegenüber Salo erwächst zum Teil aus Äußerungen bzw. aus dem Verhalten seiner Umgebung.“
Textbezug (Textstellen)	SS:	... haben Entschädigung gekriegt, ... gegen Juden nichts gehabt, ... Verhalten des Lehrers usw.
	TA:	Vorurteile, überlieferte Meinungen, Andersartigkeit von Aussehen, Sprache, Religion, Sitten ⟶ <u>Ablehnung</u>
3. Teilziel: Martins Wandlung Impuls	L:	„Am Schluss der Geschichte sind Martin und Salomon Freunde.“
	LSS:	Martins Erkenntnis: – er bereut seine Tat, – er will helfen, – er erkennt Vorurteile (Salos Eltern sind nicht so reich), ⟶ Freundschaft.

IV. Vertiefung:

Impuls	L:	„Auch bei uns könnte diese Geschichte passiert sein.“
	SÄ:	„... Asylbewerber, Gastarbeiter ...“
	LSS:	Verständnis für Andersartigkeit wird im Gespräch miteinander gewonnen.

V. Sicherung:	SS:	Eintrag der TA ins AB

Shalom heißt Frieden

Susanne von Schroeter

„Wenn einer Salomon heißt", dachte Martin, „das ist ja schon ulkig." Aber Salomon Zwiebel, so einen Namen hatte er noch nie gehört. Der Neue, der hieß so. Aber gerufen wurde er „Salo".

Salos Vater war vor ein paar Jahren aus Israel gekommen. Er hatte jetzt ein Geschäft hier. Statt „Guten Tag" sagte Salo „Shalom". Das heißt auf Hebräisch „Frieden". In Israel, wo Salo herkam, da grüßt man sich so.

Salo war Jude. Das hatte der Lehrer gesagt. Martin wusste nicht, was ein Jude ist. Die anderen wussten es auch nicht. Martin hörte, wie sie darüber redeten. „So was wie'n Gastarbeiter", meinte einer. „Quatsch!", sagte ein anderer. „Der Vater vom Salo, der hat doch 'nen Juwelierladen. Das ist kein Gastarbeiter." – „Alle Leute in der Bibel sind Juden!", behauptete jemand.

„Aber Adam und Eva?", meinte einer. „Das waren doch keine Juden."

„Klar waren das Juden!"

„Du spinnst ja! Dann wären alle Leute auf der Welt Juden. Wo doch alle von Adam und Eva abstammen!"

Martin nahm sich vor zu Hause zu fragen, was das sei, ein Jude. Aber dann vergaß er es. Bis Sonntag. Da fiel es ihm wieder ein. Der Großvater und Onkel Karl waren gerade zu Besuch.

„Wie haben einen Neuen in der Klasse, der heißt Salomon", sagte er. „Der ist Jude."

Einen Augenblick herrschte Schweigen am Kaffeetisch.

„Also, ich hab nie was gegen Juden gehabt!", sagte der Großvater dann.

„Wir waren damals so klein, dass es uns nichts angeht!", sagte Martins Vater mit Nachdruck.

„Außerdem haben sie ja Millionen an Entschädigung gekriegt", sagte Onkel Karl.

Martin verstand überhaupt nicht, wovon sie redeten.

„Geh spielen", sagte die Mutter, „ich erklär dir's ein andermal."

Martin wunderte sich. Es klang fast, als hätten sie ein schlechtes Gewissen. Aber auch die Lehrer in der Schule benahmen sich Salo gegenüber ein bisschen merkwürdig. So freundlich. Dabei sah Salo gar nicht besonders aus. Salo war klein und rundlich. Er hatte lustige braune Kulleraugen und ulkige dunkle Ringellöckchen. Und er war schlecht im Sport. Aber sonst konnte er was. Bevor Salo in die Klasse kam, war Martin der Beste. Immer wenn es schwierig wurde, wenn einer etwas nicht konnte, dann guckte der Lehrer zu Martin rüber und sagte: „Na, Martin, kannst du mal weiterhelfen?" Das machte Spaß! Und dann war also Salo gekommen. Er war eifrig von der ersten Stunde an.

Er wusste viel. Martin redete gern mit ihm. Bis dann das mit der Mathematikaufgabe passierte. Martin sollte etwas vorrechnen. An der Tafel. Es war eine schwere Aufgabe und Martin wusste nicht richtig weiter. Er sah Hilfe suchend den Lehrer an. „Na, Salo", hörte er den Lehrer sagen, „kannst du mal weiterhelfen?"

Salo konnte. Er wusste tatsächlich, wie es weiterging. Danach rechnete Martin die Aufgabe flott zu Ende. Aber es freute ihn nicht. In der Pause sagte dann noch einer zu ihm: „Du, der Salo läuft dir den Rang ab!"

Es klang ein bisschen schadenfroh. Das wurmte Martin.

Als sie Israel durchnahmen in Erdkunde, da brachte Salo bunte Bilder mit und Dias. Er konnte auch viel erzählen.

„Das will doch keiner wissen!", sagte Martin. Aber die anderen betrachteten die Aufnahmen sehr interessiert. Martin hätte sie ja auch gern gesehen. Aber er schaute nicht hin. Er wusste selber nicht warum.

Einmal hörte er Onkel Karl sagen, der Zwiebel, der wäre Millionär und er hätte so schlaue, pfiffige Äuglein. Es klang nicht freundlich.

Und dann war noch das mit dem Schulfest. Martin spielte Blockflöte, mit noch ein paar anderen zusammen. Es klappte ganz gut.

Dann kam Salo dran. Er spielte Klavier. Irgend so ein Rondo von Mozart. Martin machte sich nichts daraus. Aber den Leuten in der Aula schien es zu gefallen. Sie waren ganz begeistert, als sie Salos kleine, dicke Finger so eilig über die Tasten hopsen sahen. Nach der Feier gratulierte der Lehrer Salo, weil er es so gut gemacht hatte. Die Frau des Lehrers schenkte Salo eine Schachtel Schokolinsen und tätschelte ihm die wuscheligen Haare. Salo war ganz verlegen. Er machte die Schokoladenpackung gleich auf und bot allen davon an. Nur Martin nahm nichts. Von diesem Tag an konnte er Salo nicht mehr leiden. Er lachte, wenn Salo sich beim Sportfest tollpatschig anstellte. Beim Diktat sagte er ihm nichts vor, wenn Salo ein Wort nicht konnte. Und eines Tages malte Martin eine dicke Zwiebel auf Salos Tisch. Eine Zwiebel, die ganz dumm grinste. Es war nach Schulschluss. Da würde er sich morgen ärgern, der Salo!

Am Nachmittag hatten sie Schwimmen. Der Salo war auch dabei. Es war schon dunkel, als sie nach Hause gingen, durch den Park. Ganz unheimlich! „Hier war ich noch nie“, sagte Salo. Da kam Martin die Idee mit dem Weglaufen. „Wir rennen dem Salo weg!“, tuschelte er den andern zu. Die lachten. Dann rannten sie, was die Beine sie trugen. Salo konnte nicht so schnell rennen, das wussten sie. Sie hörten ihn hinter sich rufen.

„Weiter!“, sagte Martin. Sie rannten weiter durch den Park. Hinter den Büschen hörten sie Salo wieder rufen. Man merkte es seiner Stimme an, dass er Angst hatte, allein in dem dunklen Park, in dem er sich nicht auskannte.

Noch abends im Bett freute Martin sich, als er an Salos ängstliche Stimme dachte. Aber er konnte lange nicht einschlafen.

Am nächsten Morgen stand eine Notiz in der Zeitung, dass ein Millionärssohn am Abend vorher auf dem Nachhauseweg entführt worden war. Wahrscheinlich im Stadtpark. Den Namen des Jungen wollte die Polizei noch nicht bekannt geben, da das ihre Arbeit vielleicht erschweren würde. Der Vater, so hieß es, verhandele wegen des Lösegeldes.

Martin starrte auf die Zeitung. „Dass du mir nie durch den Stadtpark gehst, abends“, hörte er den Vater sagen.

Martin schüttelte mechanisch den Kopf.

In der Schule sagte niemand etwas von der Entführung. Vielleicht hatten sie es nicht gelesen. Vielleicht hatten sie ein schlechtes Gewissen. Martin traute sich nicht mit jemandem darüber zu reden. Er traute sich auch nicht zu Salos leerem Platz hinüberzusehen.

Am Nachmittag hörte er alle Nachrichten. Aber von der Entführung war keine Rede. Am Abend kam ein Krimi im Fernsehen. Über ein Kidnapping. Die Eltern waren weg. Martin sah sich heimlich den Film an. Beinahe hätten die Gangster den entführten Jungen im Film umgebracht. Es fehlte nicht viel. In den Nachrichten kam wieder nichts über die Entführung.

Martin schlief schlecht diese Nacht. Er träumte, dass er durch den dunklen Stadtpark rannte. Plötzlich hörte er Schritte hinter sich. Er rannte schneller. Aber es nützte nichts. Die Schritte kamen immer näher. Er rannte und rannte. Da packte ihn jemand am Arm. Eine Hand legte sich auf seinen Mund. Martin schlug wild um sich. Aber es half nichts. Die Arme und Beine wurden ihm zusammengebunden. In den Mund bekam er einen Knebel. Wie ein Paket verschnürt, landete er schließlich auf einem Lastwagen, der ratternd davonfuhr. Neben ihm im Auto saßen zwei Männer: Sie redeten immer über Lösegeld. „Hundert Millionen Schokolinsen soll er zahlen, der Zwiebel“, sagte einer. Da merkte Martin, dass sie ihn mit Salo verwechselten. Er versuchte verzweifelt ihnen zu sagen, dass er doch gar nicht Salo war. Aber er bekam den Knebel nicht aus dem Mund. „Hundert Millionen Schokolinsen!“, dachte er verzweifelt. „So viele gibt es überhaupt nicht!“ Er zappelte und strampelte. „Gib Ruhe, Zwiebelsohn!“, sagte einer der Männer, „oder die Zeitbombe geht los!“ Da merkte Martin, dass neben ihm etwas tickte. Die Zeitbombe!

Er warf sich wild zur Seite. In diesem Augenblick detonierte die Zeitbombe mit so furchtbarem Krachen und Rattern, dass Martin davon aufwachte. Neben ihm auf dem Fußboden lag sein Wecker und ratterte wie närrisch. Er hatte ihn wohl vom Nachttisch gefegt vor Angst. Beim Frühstück blätterte er nervös in der Zeitung. Aber er fand nichts über die Entführung.

In der Schule passte Martin überhaupt nicht auf an diesem Morgen. Das Zwiebelgesicht grinste zu ihm herüber. Bis er es nicht mehr sehen konnte. Er befeuchtete den Finger mit Spucke und versuchte es wegzuwischen. Es ging nicht. Auch vom Radieren ging es nicht weg. Die dicke Zwiebel sah ihn immerfort an und grinste. Martin krampfte die Hände unter der Bank zusammen und schloss die Augen. Da merkte er auf einmal, dass er anfing zu beten. Er wollte gar nicht. Es kam ganz von selber. Er dachte immer nur, dass Salo nichts geschehen dürfe, dass Salo wiederkommen solle. Bitte, bitte, dass er wiederkommen solle!

In der Pause nahm er sein Taschenmesser und kratzte die Zwiebel von der Bank. Der Lack sprang ab und es gab ein hässliches Loch. Aber was machte das schon? Im Fernsehen sagten sie nichts über die Entführung. Martin sah sich alle Nachrichten an. Als er am nächsten Morgen das Klassenzimmer betrat, traute Martin seinen Augen nicht. Salo saß auf seinem Platz und packte seine Schulmappe aus. „Ich hatte Halsweh“, sagte er, „aber es ist nicht mehr ansteckend.“

Martin stotterte etwas von der Entführung. Salo sah ihn verständnislos an. Entführung? Nein, davon hatte er nichts gehört oder gelesen.

Martin gab jedes Mal falsche Antworten, wenn er drankam. Ein paar Mal lachten die anderen. Es machte ihm nichts aus. Er verstand einfach nichts mehr. In den Abendnachrichten kam die Meldung, dass der entführte Junge inzwischen freigelassen worden war. Gegen Lösegeld. Auch den Namen des Jungen erfuhr man jetzt. Ein Name, den Martin noch nie gehört hatte.

Am Tag danach hatte Salo die Mathematikaufgaben falsch. Er konnte sie nicht, weil er gefehlt hatte. Nachmittags nahm Martin seine Schulmappe und machte sich auf den Weg zu Salo. Vor dem Laden blieb er stehen. „Nathan Zwiebel – Gold und Juwelen“, stand in großen Buchstaben darüber.

Zögernd betrat Martin den Juwelierladen. Ringsum in den Vitrinen glitzerte und blinkte es vor Schmuck. Aber Martin erinnerte sich, dass er schon einmal in einem Juwelierladen auf der Hauptstraße gewesen war. Der war viel größer und schöner. Vielleicht war Herr Zwiebel doch kein Millionär. Er hatte keine Zeit zum Überlegen. Herr Zwiebel kam schon auf ihn zu. Martin stotterte etwas von den Hausaufgaben. Da sah er, dass Herr Zwiebel gar keine schlauen, pfiffigen Äuglein hatte, wie Onkel Karl behauptete. Die Augen, die ihn jetzt ansahen, waren sehr gütig. Da hörte Martin auf zu stottern und erzählte, weshalb er kam, wegen der Hausaufgaben, weil Salo doch gefehlt hatte.

„Da wird er haben eine Freud!“, sagte Herr Zwiebel. „Da wird er haben eine Freud, der Salo, wenn zu ihm kommt ein Freund!“

Er zeigte Martin den Weg zur Wohnung. Martin stolperte eine Treppe hinauf. Die Wohnung, in die er kam, war schön. Aber wie bei Millionären war es bestimmt nicht. Salo saß am Esstisch und machte Aufgaben. Er sah erstaunt auf, als Martin hereinkam. Dann ging ein Lächeln über sein dickes, gutmütiges Gesicht. „Shalom!“, sagte Salo, „Shalom!“

Arbeitsaufträge:

1. Wie reagieren die Mitschüler auf den „Neuen“?
2. Welche Einstellung zeigen die Erwachsenen?
3. In welchen Phasen vollzieht sich Martins Ablehnung?
4. Warum lehnt Martin Salo ab?
5. Wie äußert sich schließlich diese Ablehnung?
6. Wie kommt es zu Martins Gewissensbissen?
7. Wie kommt es zur „Wende“?
8. Wie zeigt Martin seine Freundschaft?

Folie 1 „Ausländerhass“

Name: ______	Klasse: ______	Datum: ______	Nr.: ___

Shalom heißt Frieden

Susanne von Schroeter

Inhalt:

Die Entwicklung der Beziehung zwischen Martin und Salo

Der Neue:

____

____

____

Phasen der Ablehnung:

____

____

____

____

Die Reue:

____

____

____

____

Eine Freundschaft entsteht:

____

____

____

Gehalt:

____

____

____

____

Deutsch Literatur	Name: ______	Klasse: ____	Datum: ______	Nr.: __

Shalom heißt Frieden

Susanne von Schroeter

Inhalt:

Die Entwicklung der Beziehung zwischen Martin und Salo

Der Neue:

Seltsamer Name; Unkenntnis der Schüler; unverständliches Verhalten der Erwachsenen (Mutter, Onkel); übertriebene Freundlichkeit des Lehrers.

Phasen der Ablehnung:

Mathematikaufgabe (Salo rechnet besser!); Spott des Klassenkameraden; Lichtbildervortrag; Schulfest (Salos Klavierspiel); Auslachen beim Sport; Spott in der Zeichnung; Weglaufen nach der Schwimmstunde.

Die Reue:

Zeitungsnotiz (erste Gewissensbisse); Anhören der Nachrichten; Alptraum; Verängstigung – geistige Abwesenheit Martins.

Eine Freundschaft entsteht:

Salo ist wieder da; Martins Verunsicherung; Martin will Salo bei der Hausaufgabe helfen; Änderung seiner Vorstellungen – Freundschaft.

Gehalt:

Überlieferte Meinungen, Unkenntnis, Andersartigkeit von Sitten, Sprache, Religion und Vorurteile prägen unser Bild von Ausländern. Verhaltensänderung durch Kennenlernen von Ausländern.

Thema

Doktor Fausts Höllenfahrt

Theodor Storm

Lernziele

Erlesen eines Ausschnittes aus der Novelle „Pole Poppenspäler".
Gliedern des Textes mithilfe der drei „Abteilungen".
Wiedergabe des Inhalts in eigenen Worten.
Erarbeiten der Handlungsmotive der einzelnen Personen.

Arbeitsmittel/Medien/Literaturhinweise

7 Textblätter, 1 Arbeitsblatt

Tafelbild/Folie

Doktor Fausts Höllenfahrt

Inhalt

1. Abteilung: Vorbereitung des Puppenspiels, Blick hinter die Kulissen, Beschädigung der Kasperlfigur

2. Abteilung: Aufführung des Puppenspiels, Entdeckung des Schadens

3. Abteilung: Gewissensbisse, Flucht der Kinder, Suche der Eltern nach den Kindern, glückliches Ende

Personen

Pole: neugierig, ritterlich

Lisei: freundlich, hilfsbereit

Herr Tendler: freundlich

Frau Tendler: streng, ungerecht

Poles Vater: freundlich, gütig

I. Hinführung:

Impuls	TA:	Bild von Theodor Storm
	SS:	Spontanäußerungen
	L:	Information über den Dichter
Zielangabe	TA:	**Doktor Fausts Höllenfahrt**

II. Textbegegnung:

	SS	erlesen den Text still.
	AA:	für schnellere Leser

III. Ausweitung:

1. Teilziel: Inhalt des Textausschnittes Arbeitsauftrag	L:	„Fasse den Inhalt der Erzählung zusammen! Die Gliederung in drei Abteilungen hilft dir dabei.“
	GA:	arbeitsgleich, auf den Notizblock
Ergebnisse	TA:	1. Abteilung:
		Vorbereitung des Puppenspiels, der Blick hinter die Kulissen, Beschädigung der Kasperlfigur
		2. Abteilung:
		Aufführung des Puppenspiels, Entdeckung des Schadens
		3. Abteilung:
		Gewissensbisse, Flucht der Kinder, Suche der Eltern nach den Kindern, glückliches Ende
2. Teilziel: Charakeristik der Personen Impuls	L:	„Die in der Erzählung vorkommenden Personen werden vom Dichter genauer beschrieben.“
Partnerarbeit, Ergebnisse	TA:	Pole: neugierig, ritterlich Lisei: freundlich, hilfsbereit Herr Tendler: freundlich, nachgiebig Frau Tendler: streng, unfreundlich Poles Vater: freundlich, gütig
2. Teilziel: Der Handlungsverlauf Impuls	L:	„Das Verhalten der beiden Kinder wird vor allem durch die Stiefmutter des Mädchens bestimmt.“
	LSS:	… Lisei fürchtet von Frau Tendler bestraft zu werden ⟶ löst in Pole Beschützerinstinkt aus ⟶ Flucht ⟶ Sorge der Eltern ⟶ glückliches Ende.

IV. Sicherung:

	SS:	Eintrag der TA ins AB

Doktor Fausts Höllenfahrt

Theodor Storm

Ein Puppenspiel in drei Abteilungen

1. Abteilung

Als am Sonntag der Ausrufer durch die Straßen ging, an sein Becken schlug und laut verkündigte: „Heute Abend auf dem Schützenhof: Doktor Fausts Höllenfahrt, Puppenspiel in vier Aufzügen!“, da war es nicht länger auszuhalten. Wie die Katze um den heißen Brei, so schlich ich mich um meinen Vater herum und endlich hatte er meinen stummen Blick verstanden.

„Pole“, sagte er, „es könnte dir Blut vom Herzen gehen; vielleicht ist's die beste Kur dich einmal gründlich satt zu machen.“ Damit langte er in die Westentasche und gab mir einen Doppelschilling. Ich rannte sofort aus dem Hause; erst auf der Straße wurde mir klar, dass ja noch acht lange Stunden bis zum Anfang der Komödie abzuleben waren. So lief ich denn hinter den Gärten auf den Bürgersteig. Als ich an den offenen Grasgarten des Schützenhofes gekommen war, zog es mich unwillkürlich hinein; vielleicht, dass gar einige Puppen dort oben aus den Fenstern guckten; denn die Bühne lag ja an der Rückseite des Hauses. Aber ich musste dann erst durch den oberen Teil des Gartens, der mit Linden- und Kastanienbäumen dicht bestanden war. Mir wurde etwas zage zumute; ich wagte doch nicht weiter vorzudringen. Plötzlich erhielt ich von einem großen, hier angepflockten Ziegenbock einen Stoß in den Rücken, dass ich um zwanzig Schritte weiterflog. Das half; als ich mich umsah, stand ich schon unter den Bäumen.

Es war ein trüber Herbsttag; einzelne gelbe Blätter sanken schon zur Erde; über mir in der Luft schrien ein paar Strandvögel, die ans Haff hinausflogen; kein Mensch war zu sehen noch zu hören. Langsam schritt ich durch das Unkraut, das auf den Steigen wucherte, bis ich einen schmalen Steinhof erreicht hatte, der den Garten vom Hause trennte. – Richtig! Dort oben schauten zwei große Fenster in den Hof herab; aber hinter den kleinen in Blei gefassten Scheiben war es schwarz und leer, keine Puppe war zu sehen. Ich stand eine Weile, mir wurde ganz unheimlich in der mich rings umgebenden Still.

Da sah ich, wie unten die schwere Hoftür von innen eine Hand breit geöffnet wurde, und zugleich lugte auch ein schwarzes Köpfchen daraus hervor. „Lisei!“, rief ich. Sie sah mich groß mit ihren dunklen Augen an. „B'hüt Gott!“, sagte sie; „hab i doch nit gewusst, was da außa rumkraxln tät! Wo kommst denn du daher?“

„Ich? – Ich geh spazieren, Lisei! – Aber sag mir, spielt ihr denn jetzt schon Komödie?“ Sie schüttelte lachend den Kopf.

„Aber was machst du denn hier?“, fragte ich weiter, indem ich über den Steinhof zu ihr trat.

„I wart auf den Vater“, sagte sie; „er ist ins Quartier, um Band und Nagel zu holen; er macht's halt firti für heunt Abend.“

„Bist du denn ganz allein hier, Lisei?“

„O nei; du bist ja aa no da!“

„Ich meine“, sagte ich, „ob nicht deine Mutter oben auf dem Saal ist?“

Nein, die Mutter saß in der Herberge und besserte die Puppenkleider aus; das Lisei war hier ganz allein.

„Hör“, begann ich wieder, „du könntest mir einen Gefallen tun; es ist unter euern Puppen einer, der heisst Kasperl; den möcht ich gar zu gern einmal in der Nähe sehen!“

„Den Wurstl meinst?“, sagte Lisei und schien sich eine Weile zu bedenken. „Nu, es ging scho; aber g'schwind musst sein, eh denn der Vater wieder da ist!“

Mit diesen Worten waren wir schon ins Haus getreten und liefen eilig die steile Wendeltreppe hinauf. – Es war fast dunkel in dem großen Saale; denn die Fenster, welche sämtlich nach dem Hofe hinauslagen, waren von der Bühne verdeckt; nur einzelne Lichtstreifen fielen durch die Spalten des Vorhangs.

„Komm!“, sagte Lisei und hob seitwärts an der Wand die dort aus einem Teppich bestehende Verkleidung in die Höhe; wir schlüpften hindurch und da stand ich in dem Wundertempel. – Aber von der Rückseite betrachtet und hier in der Tageshelle sah er ziemlich kläglich aus; ein Gerüst aus Latten und Brettern, worüber einige bunt bekleckste Leinwandstücke hingen.
Doch ich hatte mich zu früh beklagt; dort, an einem Eisendraht, der von einer Kulisse nach der Wand hinübergespannt war, sah ich zwei der wunderbaren Puppen schweben; aber sie hingen mit dem Rücken gegen mich, sodass ich sie nicht erkennen konnte.
„Wo sind die anderen, Lisei?“, fragte ich; denn ich hätte gern die ganze Gesellschaft auf einmal gesehen.
„Hier im Kastl“, sagte Lisei und klopfte mit ihrer kleinen Faust auf eine im Winkel stehende Kiste; „die zwei da sind scho zug'richt; aber geh nur her dazu und schau's dir a; er is scho dabei, dei Freund, der Kasperl!“
Und wirklich, er war es selber. „Spielt denn der heute Abend auch mit?“
„Freili, der is allimal dabei!“
Mit untergeschlagenen Armen stand ich da und betrachtete meinen lieben, lustigen Allerweltskerl. Da baumelte er, an sieben Schnüren aufgehenkt; sein Kopf war vornübergesunken, dass seine großen Augen auf den Fußboden stierten und ihm die rote Nase wie ein breiter Schnabel auf der Brust lag. – „Kasperle, Kasperle“, sagte ich bei mir selber, „wie hängst du da elendiglich!“ Da antwortete es ebenso: „Wart nur, lieb's Brüderl, wart nur bis heut Abend!“ – War das auch nur so in meinen Gedanken oder hatte Kasperl selbst zu mir gesprochen? Ich sah mich um. Die Lisei war fort; sie war wohl vor die Haustür, um die Rückkehr ihres Vaters zu überwachen. Da hörte ich sie eben noch von dem Ausgang des Saales rufen:
„Dass d' mir aber nit an die Puppen rührst!“ – Ja, nun konnte ich es aber doch nicht lassen. Leise stieg ich auf eine neben mir stehende Bank und begann erst an der einen, dann an der anderen Schnur zu ziehen; die Kinnladen fingen an zu klappern, die Arme hoben sich und jetzt fing auch der wunderbare Daumen an, ruckweise hin- und herzuschießen. Die Sache machte gar keine Schwierigkeit; ich hatte mir die Puppenspielerei doch kaum so leicht gedacht. – Aber die Arme bewegten sich nur nach vorn und hinten aus.
Ich zog an allen Drähten, ich versuchte mit der Hand die Arme abzubiegen; aber es wollte nicht gelingen. Auf einmal tat es einen leisen Krach im Innern der Figur. „Halt!“, dachte ich, „Hand vom Brett! Da hättest du können Unheil anrichten!“
Leise stieg ich wieder von meiner Bank herab und zugleich hörte ich auch Lisei von außen in den Saal treten.
„G'schwind, g'schwind!“, rief sie und zog mich durch das Dunkel an die Wendeltreppe hinaus. „'s is eigentli nit recht“, fuhr sie fort, „dass i di eilass'n hab; aber, gel, du hast doch dei Gaudi g'habt!“
Ich dachte an den leisen Krach von vorhin.
„Ach, es wird ja nichts gewesen sein!“ Mit dieser Selbsttröstung lief ich die Treppe hinab und durch die Hintertür ins Freie.
So viel stand fest, der Kasperl war doch nur eine richtige Holzpuppe: aber das Lisei, was das für eine allerliebste Sprache führte! Und wie freundlich sie mich gleich zu den Puppen mit hinaufgenommen hatte! – Freilich, sie hatte es ja auch selbst gesagt, dass sie es so heimlich vor ihrem Vater getan, das war nicht völlig in der Ordnung. Unlieb – zu meiner Schande muss ich es gestehen – war diese Heimlichkeit mir gerade nicht; im Gegenteil, die Sache bekam für mich dadurch noch einen würzigen Beigeschmack und es muss ein recht selbstgefälliges Lächeln auf meinem Gesicht gestanden haben, als ich durch die Linden- und Kastanienbäume des Gartens wieder nach dem Bürgersteig hinabschlenderte.
Allein zwischen solchen schmeichelnden Gedanken hörte ich von Zeit zu Zeit vor meinem inneren Ohr immer jenen leisen Krach im Körper der Puppe; was ich auch vornahm, den ganzen Tag über konnte ich diesen jetzt aus meiner eigenen Seele heraufönenden unbequemen Laut nicht zum Schweigen bringen.

2. Abteilung

Es hatte sieben Uhr geschlagen; im Schützenhofe war heute, am Sonntagabend, alles besetzt; ich stand hinten, fünf Schuh hoch über dem Fußboden, auf dem Doppelschillingplatz. Die Talglichter brannten in den Blechlametten, der Stadtmusikus und seine Gesellen fiedelten; der Vorhang rollte in die Höhe.
Ein hoch gewölbtes gotisches Zimmer zeigte sich. Vor einem aufgeschlagenen Folianten saß im schwarzen Talare der Doktor Faust und beklagte sich bitter, dass ihm all seine Gelehrsamkeit so wenig einbringe, keinen heilen Rock habe er mehr am Leibe und vor Schulden wisse er sich nicht zu lassen; so wolle er denn jetzo mit der Hölle sich verbinden. – „Wer ruft nach mir?“, ertönte zu seiner Linken eine furchtbare Stimme von der Wölbung des Gemaches herab. – „Faust, Faust, folge nicht!“, kam eine andere feine Stimme von der Rechten. – Aber Faust verschwor sich den höllischen Gewalten. – „Weh, weh deiner armen Seele!“ Wie ein seufzender Windeshauch klang es von der Stimme des Engels; von der Linken schallte eine gellende Lache durchs Gemach. – Da klopfte es an die Tür. „Verzeihung, Eure Magnifizenz!“
Fausts Famulus Wagner war eingetreten. Er bat ihm für die grobe Hausarbeit die Annahme eines Gehilfen zu gestatten, damit er sich besser aufs Studieren legen könne. „Es hat sich“, sagte er, „ein junger Mann bei mir gemeldet, welcher Kasperl heißt und gar fürtreffliche Qualitäten zu besitzen scheint.“ – Faust nickte gnädig mit dem Kopf und sagte: „Sehr wohl, lieber Wagner, diese Bitte sei Euch gewährt!“ Dann gingen beide miteinander fort. –
„Pardauz!“, rief es; und da war er. Mit einem Satz kam er auf die Bühne gesprungen, dass ihm das Felleisen auf dem Buckel hüpfte. – „Gott sei gelobt!“, dachte ich; „er ist noch ganz gesund; er springt noch ebenso wie vorigen Samstag in der Burg der schönen Genoveva!“ Und seltsam, so sehr ich ihn am Vormittag in meinen Gedanken nur für eine schmähliche Holzpuppe erklärt hatte, mit seinen ersten Worten war der ganze Zauber wieder da.
Emsig spazierte er im Zimmer auf und ab. „Wenn mich jetzt mein Vater-Papa sehen tät“, rief er, „der würd sich was Rechts freuen! Immer pflegt er zu sagen: Kasperl, mach dass du dein Sach in Schwung bringst! – Oh, jetzt und hab ich’s in Schwung; denn ich kann mein Sach haushoch werfen!“ Damit machte er Miene sein Felleisen in die Höhe zu schleudern und es flog auch wirklich, da es am Draht gezogen wurde, bis an die Deckenwölbung hinauf; aber – Kasperles Arme waren an seinem Leibe kleben geblieben; es ruckte und ruckte, aber sie kamen um keine Hand breit in die Höhe.
Kasperl sprach und tat nichts weiter. – Hinter der Bühne entstand eine Unruhe, man hörte leise, aber heftig sprechen; der Fortgang des Stücks war augenscheinlich unterbrochen.
Mir stand das Herz still! Da hatten wir die Bescherung! Ich wäre gerne fortgelaufen, aber ich schämte mich. Und wenn gar dem Lisei meinetwegen etwas geschähe! Da begann Kasperl auf der Bühne plötzlich ein klägliches Geheule, wobei ihm Kopf und Arme schlaff herunterhingen, und der Famulus Wagner erschien wieder und fragte ihn, warum er denn so lamentiere. „Ach, mei Zahnerl, mei Zahnerl!“, schrie Kasperl.
„Guter Freund“, sagte Wagner, „so lass Er sich doch einmal in das Maul sehen!“ –
Als er ihn hierauf bei der großen Nase packte und ihm zwischen die Kinnladen hineinschaute, trat auch der Doktor Faust wieder in das Zimmer. – „Verzeihung Eure Magnifizenz“, sagte Wagner, „ich werde diesen jungen Mann in meinem Dienst nicht gebrauchen können: er muss sofort in das Lazarett geschafft werden!“
„Is das a Wirtshaus?“, fragte Kasperl.
„Nein, guter Freund“, sagte Wagner, „das ist ein Schlachthaus. Man wird ihm dort einen Weisheitszahn aus der Haut schneiden und dann wird er seiner Schmerzen ledig sein.“
„Ach, du lieb’s Herrgottl!“, jammerte Kasperl, „muss mi arms Viecherl so ein Unglück treffen! Ein Weisheitszahnerl, sagt ihr, Herr Famulus? Das hat noch keiner in der Familie gehabt! Da geht’s wohl auch mit meiner Kasperlschaft zu End?“
„Allerdings, mein Freund“, sagte Wagner; „eines Dieners mit Weisheitszähnen bin ich bass entraten; die Dinger sind nur für uns gelehrte Leute. Aber Er hat ja noch einen Brudersohn, der sich auch bei mir zum Dienst gemeldet hat. Vielleicht“ – und er wandte sich gegen den Doktor

Faust – „erlauben Eure Magnifizenz!“

Der Doktor Faust machte eine würdige Drehung mit dem Kopfe. „Tut, was Euch beliebt, mein lieber Wagner“, sagte er; „aber stört mich nicht weiter mit Euren Lappalien in meinem Studium der Magie!“

„Heere, mein Gutester“, sagte ein Schneidergesell, der vor mir auf der Brüstung lehnte, zu seinem Nachbar, „da geheert ja nich zum Stück; ich kenn's, ich hab es vor ä Weilchen erst in Seifersdorf gesehen.“ – Der andere aber sagte nur: „Halt's Maul, Leipziger!“, und gab ihm einen Rippenstoß. Auf der Bühne war indessen Kasperle der Zweite aufgetreten. Er hatte eine unverkennbare Ähnlichkeit mit seinem kranken Onkel, auch sprach er ganz wie dieser; nur fehlte ihm der bewegliche Daumen und in seiner großen Nase schien er kein Gelenk zu haben.

Mir war ein Stein vom Herzen gefallen, als das Stück nun ruhig weiterspielte, und bald hatte ich alles um mich her vergessen. Der teuflische Mephistopheles erschien in seinem feuerfarbenen Mantel, das Hörnchen vor der Stirn, und Faust unterzeichnete mit seinem Blut den höllischen Vertrag:

„Vierundzwanzig Jahre sollst du mir dienen; dann will ich dein sein mit Leib und Seele!“

Hierauf fuhren beide in des Teufels Zaubermantel durch die Luft davon. Für Kasperle kam eine ungeheuere Kröte mit Fledermausflügeln aus der Luft herab. „Auf dem höllischen Sperling soll ich nach Parma reiten?“, rief er, und als das Ding wackelnd mit dem Kopfe nickte, stieg er auf und flog den beiden nach.

Ich hatte mich ganz hinten an die Wand gestellt, wo ich besser über alle die Köpfe vor mir hinweg sehen konnt. Und jetzt rollte der Vorhang zum letzten Aufzug in die Höhe.

Endlich ist die Frist verstrichen. Faust und Kasper sind beide wieder in ihrer Vaterstadt. Kasper ist Nachtwächter geworden; er geht durch die dunklen Straßen und ruft die Stunden ab: „Hört, ihr Herrn, und lasst euch sagen, meine Frau hat mich geschlagen, hüt't euch vor dem Weiberrock! Zwölf ist der Klock! Zwölf ist der Klock!“

Von fern hört man eine Glocke Mitternacht schlagen. Da wankt Faust auf die Bühne; er versucht zu beten, aber nur Heulen und Zähneklappern tönt aus seinem Halse. Von oben ruft eine Donnerstimme: „Fauste, Fauste, in aeternum damnatus es!“

Eben fuhren im Feuerregen drei schwarzhaarige Teufel herab, um sich des Armen zu bemächtigen, da fühlte ich eins der Bretter zu meinen Füßen sich verschieben. Als ich mich bückte, um es zurechtzubringen, glaubte ich aus dem dunklen Raume unter mir ein Geräusch zu hören; ich horchte näher hin; es klang wie das Schluchzen einer Kinderstimme. – „Lisei!“, dachte ich; „wenn es Lisei wäre!“ Wie ein Stein fiel mir meine ganze Untat wieder aufs Gewissen; was kümmerte mich jetzt der Doktor Faust und seine Höllenfahrt!

3. Abteilung

Unter heftigem Herzklopfen drängte ich mich durch die Zuschauer und ließ mich seitwärts an dem Brettergerüst herabgleiten. Rasch schlüpfte ich in den darunter befindlichen Raum, in welchem ich an der Wand entlang ganz aufrecht gehen konnte; aber es war fast dunkel, sodass ich mich an den überall untergestellten Latten und Balken stieß. „Lisei!“, rief ich. Das Schluchzen, das ich eben noch gehört hatte, wurde plötzlich still; aber dort in dem tiefsten Winkel sah ich etwas sich bewegen. Ich tastete mich weiter bis an das Ende des Raumes und – da saß sie zusammengekauert, das Köpfchen in den Schoß gedrückt.

Ich zupfte sie leise am Kleide. „Lisei!“, sagte ich leise, „bist du es? Was machst du denn hier?“

Sie antwortete nicht, sondern begann wieder vor sich hin zu schluchzen. „Lisei!“, fragte ich wieder; „was fehlt dir? So sprich doch nur ein einziges Wort!“ Sie hob den Kopf ein wenig.

„Was soll i da red'n?“, sagte sie; „du weißt's ja von selber, dass du den Wurstl hast verdreht!“

„Ja, Lisei!“, antwortete ich kleinlaut; „ich glaub es selber, dass ich das getan habe.“

„Ja, du! – Und i hab dir's doch gesagt!“

„Lisei, was soll ich tun?“

„Nu, halt nix!“

„Aber was soll denn daraus werden?“

„Nu, halt aa nix!“ Sie begann wieder laut zu weinen. „Aber i – wenn i z' Haus komm – da krieg i die Peitsch'n!“

„Du die Peitsche, Lisei!" Ich fühlte mich ganz vernichtet. „Aber ist dein Vater denn so strenge?“

„Ach, mei gut's Vaterl“, schluchzte Lisei. Also die Mutter! Oh, wie ich, außer mir selber, diese Frau hasste, die immer mit ihrem Holzgesicht an der Kasse saß!

Von der Bühne hörte ich Kasperl den Zweiten rufen: „Das Stück ist aus! Komm Gret, lass uns Kehraus tanzen!“

Und in demselben Augenblick begann auch über unseren Köpfen das Scharren und Trampeln mit den Füßen und bald polterte alles von den Bänken herunter und drängte sich dem Ausgange zu; zuletzt kam der Stadtmusikus mit seinen Gesellen, wie ich aus den Tönen des Brummbasses hörte, mit dem sie beim Fortgehen an den Wänden anstießen. Dann allmählich wurde es still, nur hinten auf der Bühne hörte man noch die Tendlerschen Eheleute miteinander reden und wirtschaften. Nach einer Weile kamen auch sie in den Zuschauerraum; sie schienen erst an den Musikantenpulten, dann an den Wänden die Lichter auszuputzen; denn es wurde allmählich immer finsterer.

„Wenn i nur wüsst, wo die Lisei abgeblieben ist!“, hörte ich Herrn Tendler zu seiner an der gegenüberliegenden Wand beschäftigten Frau hinüberrufen.

„Wo sollt si sein!“, rief diese wieder; „'s ist 'n störrig Ding; ins Quartier wird sie gelaufen sein!“

„Frau“, antwortete der Mann, „du bist auch zu wüst mit dem Kind gewesen; sie hat doch so a weich's Gemüt!“

„Ei was!“, rief die Frau; „ihre Straf muss sie hab'n; sie weiß recht gut, dass die schöne Marionett noch von mei'm Vater selig ist! Du wirst sie nit wieder kurieren und der zweit Kasper ist doch halt nur ein Notknecht!“

Die lauten Wechselreden hallten in dem leeren Saale wider. Ich hatte mich neben Lisei hingekauert; wir hatten uns bei den Händen gefasst und saßen mäuschenstille. „G'schieht mir aber schon recht“, begann wieder die Frau, die eben gerade über unseren Köpfen stand, „warum hab ich's gelitten, dass du das gotteslästerlich Stück heute wieder aufgeführt hast! Mein Vater selig hat's nimmer wollen in seinen letzten Jahren!“

„Nu, nu, Resel!“, rief Herr Tendler von der anderen Wand; „dein Vater war ein b'sondrer Mann. Das Stück gibt doch allfort eine gute Kassa und ich mein, es ist doch auch a Lehr und Beispiel für die vielen Gottlosen in der Welt!“

„Ist aber bei uns zum letzten Mal heut geb'n. Und nu red mir nit mehr davon!“, erwiderte die Frau.

Herr Tendler schwieg. – Es schien jetzt nur noch ein Licht zu brennen und die beiden Eheleute näherten sich dem Ausgange.

„Lisei!“, flüsterte ich, „wir werden eingeschlossen!“

„Lass!“, sagte sie, „i kann nit; i geh nit furt!“

„Dann bleib ich auch!“

„Aber dei Vater und Mutter!“

„Ich bleib doch bei dir!“

Jetzt wurde die Tür des Saals zugeschlagen; – dann ging's die Treppe hinab und dann hörten wir, wie draußen auf der Straße die große Haustür abgeschlossen wurde.

Da saßen wir denn. Wohl eine Viertelstunde saßen wir so, ohne auch nur ein Wort miteinander zu reden. Zum Glück fiel mir ein, dass sich noch zwei Heißwecken in meiner Tasche befanden, die ich für einen meiner Mutter abgebettelten Schilling auf dem Herwege gekauft und über all dem Schauen ganz vergessen hatte. Ich steckte Lisei den einen in ihre kleinen Hände; sie nahm ihn schweigend, als verstehe es sich von selbst, dass ich das Abendbrot besorge, und wir schmausten eine Weile. Dann war auch das zu Ende. – Ich stand auf und sagte: „Lass uns hinter die Bühne gehen, da wird's heller sein; ich glaub, der Mond scheint draußen!“ Und Lisei ließ sich geduldig durch die kreuz und quer stehenden Latten von mir in den Saal hinausleiten.

Als wir hinter der Verkleidung in den Bühnenraum geschlüpft waren, schien dort vom Garten her das helle Mondlicht in die Fenster.

An dem Drahtseil, an dem am Vormittag nur die beiden Puppen gehangen waren, sah ich jetzt alle, die vorhin im Stück aufgetreten waren. Da hing der Doktor Faust mit seinem scharfen, blassen Gesicht, der gehörnte Mephistopheles, die drei kleinen schwarzhaarigen Teufelchen und dort neben der geflügelten Kröte waren auch die beiden Kasperls. Ganz still hingen sie da in der bleichen Mondscheinbeleuchtung; fast wie Verstorbene kamen sie mir vor. Der Hauptkasperl hatte zum Glück wieder seinen breiten Nasenschnabel auf der Brust liegen, sonst hätte ich geglaubt, dass seine Blicke mich verfolgen müssten.

Nachdem Lisei und ich eine Weile, nicht wissend, was wir beginnen sollten, an dem Theatergerüst umhergestanden und geklettert waren, lehnten wir uns nebeneinander auf die Fensterbank. – Es war Unwetter geworden; am Himmel, gegen den Mond, stieg eine Wolkenbank empor; drunten im Garten konnte man die Blätter zu Haufen von den Bäumen wehen sehen.

„Guck“, sagte Lisei nachdenklich, „wie 's da aufi g'schwomma kimmt! Da kann mei alte, gute Bas nit mehr vom Himm'l abi schaun.“

„Was für eine alte Bas, Lisei?“, fragte ich. „Nu, wo i g'west bin, bis sie halt g'storb'n ist.“

Dann blickten wir wieder in die Nacht hinaus. – Als der Wind gegen das Haus und auf die kleinen undichten Fensterscheiben stieß, fing hinter mir an dem Drahtseil die stille Gesellschaft mit ihren hölzernen Gliedern an zu klappern. Ich drehte mich unwillkürlich um und sah nun, wie sie vom Zugwind bewegt mit den Köpfen wackelten und die steifen Arme und Beine durcheinander regten. Als aber plötzlich der kranke Kasperl seinen Kopf zurückschlug und mich mit seinen weißen Augen anstierte, da dachte ich, es sei doch besser, ein wenig zur Seite zu gehen. Unweit vom Fenster, aber so, dass die Kulissen sie dort vor dem Anblick dieser schwebenden Tänzer schützen mussten, stand die große Kiste; sie war offen; ein paar wollene Decken, vermutlich zum Verpacken der Puppen bestimmt, lagen nachlässig darüber hingeworfen.

Als ich mich eben dorthin begeben wollte, hörte ich Lisei vom Fenster her so recht aus Herzensgrunde gähnen.

„Bist du müde, Lisei?“, fragte ich. „O nei“, erwiderte sie, indem sie ihre Ärmchen fest zusammenschränkte; „aber i frier halt!“

Und wirklich, es war kalt geworden in dem großen leeren Raume, auch mich fror. „Komm hierher!“, sagte ich, „wir wollen uns in die Decken einwickeln.“

Gleich darauf stand Lisei bei mir und ließ sich geduldig in die eine Decke wickeln; sie sah aus wie eine Schmetterlingspuppe, nur dass oben noch das allerliebste Gesichtchen herausguckte.

„Weißt“, sagte sie und sah mich mit zwei großen, müden Augen an, „ich steig ins Kistl, da hält's warm!“ Das leuchtete auch mir ein; im Verhältnis zu der wüsten Umgebung winkte hier sogar ein traulicher Raum, fast wie ein dichtes Stübchen. Und bald saßen wir armen, törichten Kinder wohl verpackt und dicht aneinander geschmiegt in der hohen Kiste. Mit Rücken und Füßen hatten wir uns gegen die Seitenwände gestemmt; in der Ferne hörten wir die schwere Saaltür in den Falzen klappen; wir aber saßen ganz sicher und behaglich.

„Friert dich noch, Lisei?“, fragte ich.

„Ka bisserl!“

Sie hatte ihr Köpfchen an meine Schulter sinken lassen; ihre Augen waren schon geschlossen.

„Was wir mei gut's Vaterl –“, lallte sie noch; dann hörte ich an ihren gleichmäßigen Atemzügen, dass sie eingeschlafen war.

Ich konnte von meinem Platz aus durch die oberen Scheiben des Fensters sehen. Der Mond war aus seiner Wolkenhülle wieder hervorgeschwommen, in der er eine Zeit lang verborgen gewesen war; die alte Bas konnte jetzt wieder vom Himmel herunterschauen und ich denke wohl, sie hat's gern getan. Ein Streifen Mondlicht fiel auf das Gesichtchen, das nahe an dem meinen ruhte; die schwarzen Augenwimpern lagen wie seidene Fransen auf den Wangen, der kleine rote Mund atmete leise, nur mitunter zuckte noch ein kurzes Schluchzen aus der Brust herauf; aber auch das verschwand; die alte Bas schaute gar so mild vom Himmel. – Ich wagte mich nicht zu rühren.

„Wie schön müsste es sein“, dachte ich, „wenn das Lisei deine Schwester wäre, wenn sie dann immer bei dir bleiben könnte!“ Denn ich hatte keine Geschwister, und wenn ich auch nach

Brüdern kein Verlangen trug, so hatte ich mir doch oft das Leben mit einer Schwester in meinen Gedanken ausgemalt und konnte es nie begreifen, wenn meine Kameraden mit denen, die sie wirklich besaßen, in Zank und Schlägerei gerieten.

Ich muss über solchen Gedanken doch wohl eingeschlafen sein; denn ich weiß noch, wie mir allerlei wildes Zeug geträumt hat. Mir war, als säße ich mitten in dem Zuschauerraum; die Lichter an den Wänden brannten, aber niemand außer mir saß auf den leeren Bänken. Über meinem Kopfe, unter der Balkendecke des Saales, ritt Kasperl auf dem höllischen Sperling in der Luft herum und rief einmal übers andere: „Schlimms Brüderl! Schlimms Brüderl!“, oder auch mit kläglicher Stimme: „Mein Arm! Mein Arm!“

Da wurde ich von einem Lachen aufgeweckt, das über meinem Kopf erschallte; vielleicht auch von dem Lichtschein, der mir plötzlich in die Augen fiel. „Nun seh mir einer dieses Vogelnest!“, hörte ich die Stimme meines Vaters sagen und dann etwas barscher: „Steig heraus, Junge!“

Das war der Ton, der mich stets mechanisch in die Höhe trieb. Ich riss die Augen auf und sah meinen Vater und das Tendlerische Ehepaar an unserer Kiste stehen;

Herr Tendler trug eine brennende Laterne in der Hand. Meine Anstrengung, mich zu erheben, wurde indessen durch Lisei vereitelt, die noch immer fortschlafend mit ihrer ganzen kleinen Last mir auf die Brust gesunken war. Als sich aber jetzt zwei knochige Arme ausstreckten, um sie aus der Kiste herauszuheben, und ich das Holzgesicht der Frau Tendler sich auf uns niederbeugen sah, da schlug ich die Arme so ungestüm um meine kleine Freundin, dass ich dabei der guten Frau fast ihren alten italienischen Strohhut vom Kopfe gerissen hätte.

„Nu, nu, Bub!“, rief sie und trat einen Schritt zurück; ich aber sprang aus unserer Kiste heraus, erzählte mit geflügelten Worten und ohne mich dabei zu schonen, was am Vormittag geschehen war.

„Also. Madame Tendler“, sagte mein Vater, als ich mit meinem Bericht zu Ende war, und machte zugleich eine sehr verständliche Handbewegung, „da könnten Sie es mir ja wohl überlassen, dieses Geschäft allein mit meinem Jungen abzumachen.“

„Ach ja, ach ja!“, rief ich eifrig, als wenn mir soeben der angenehmste Zeitvertreib verheißen wäre.

Lisei war indessen auch erwacht und von ihrem Vater auf den Arm genommen worden.

Ich sah, wie sie die Arme um seinen Hals schlang und ihm bald eifrig ins Ohr flüsterte, bald ihm zärtlich in die Augen sah oder wie beteuernd mit dem Köpfchen nickte. Gleich darauf ergriff auch der Puppenspieler die Hand meines Vaters. „Lieber Herr“, sagte er, „die Kinder bitten füreinander. Mutter, du bist ja auch nit gar so schlimm! Lassen wir es diesmal halt dabei!“

Madame Tendler sah indes noch immer unbeweglich aus ihrem großen Strohhute. „Du magst selbst schauen, wie du ohne den Kasperl fertig wirst!“, sagte sie mit einem strengen Blick auf ihren Mann.

In dem Antlitz meines Vaters sah ich ein gewisses lustiges Augenzwinkern, das mir Hoffnung machte, es werde das Unwetter diesmal so an mir vorüberziehen, und als er jetzt sogar versprach am andern Tage seine Kunst zur Herstellung des Invaliden aufzubieten und dabei Madame Tendlers italienischer Strohhut in die holdseligste Bewegung geriet, da war ich sicher, dass wir beiderseits im Trocknen waren.

Bald marschierten wir unten durch die dunklen Gassen, Herr Tendler mit der Laterne voran, wir Kinder Hand in Hand den Alten nach. – Dann: „Gut Nacht, Paul! Ach, will i schlaf'n!“ Und weg war das Lisei. Ich hatte gar nicht gemerkt, dass wir schon bei unseren Wohnungen angekommen waren.

Zusatzinformation zu Storms „Pole Poppenspäler“

1. Nachwort des Verfassers

Als bei Begründung der Zeitschrift „Deutsche Jugend“ auch meine Mitarbeiterschaft gewünscht wurde, vermochte ich, ungeachtet meiner Teilnahme für das so reich ausgestattete Unternehmen, dem Verlangen der Herren Herausgeber nach einer novellistischen Arbeit erst nach geraumer Zeit zu genügen.
Die Schwierigkeiten der „Jugendschriftstellerei“ waren in ihrer ganzen Größe vor mir aufgestanden. „Wenn du für die Jugend schreiben willst“ – in diesem Paradoxon formulierte es sich mir –, „so darfst du nicht für die Jugend schreiben! – Denn es ist unkünstlerisch, die Behandlung eines Stoffes so oder anders zu wenden, je nachdem du dir den großen Peter oder den kleinen Hans als Publikum denkst.“
Durch diese Betrachtungsweise aber wurde die große Welt der Stoffe auf ein nur kleines Gebiet beschränkt. Denn es galt einen Stoff zu finden, der, unbekümmert um das künftige Publikum und nur seinen inneren Erfordernissen gemäß behandelt, gleichwohl wie für den reifen Menschen, so auch für das Verständnis und die Teilnahme der Jugend geeignet war.
Endlich wurde die vorstehende Erzählung geschrieben. – Ob nun darin die aufgestellte Theorie auch praktisch bestätigt worden oder, wenn dies auch im Wesentlichen, ob nicht im Einzelnen hie und da die Fantasie mir einen Streich gespielt, sodass ich unbewusst dem zunächst bestimmten jungen Hörerkreise gegenübergesessen habe – beides wird der geneigte Leser besser als der Verfasser selbst zu beurteilen imstande sein.
Ein paar nicht eben erhebliche Stellen, welche in der Jugendzeitung, wenn auch unter Zustimmung des Verfassers, so doch nach dessen Überzeugung ohne zureichenden Grund, unterdrückt wurden, sind in dem vorstehenden Abdruck wiederhergestellt.

2. Zu Storms Pole Poppenspäler

Theodor Storm wurde 1873 von Julius Lohmeyer (1835–1903), der selbst ein ausgezeichneter Jugendschriftsteller war, zur Mitarbeit an der neu gegründeten Zeitschrift „Deutsche Jugend“ aufgefordert. Es dauerte geraume Zeit, bis Storm einen Beitrag lieferte, denn der Dichter setzte sich vorher gründlich mit dem Problem der Jugendschriftstellerei auseinander. Das Nachwort zur Buchausgabe des „Pole Poppenspäler“ ist dafür ein beredtes Zeugnis.
Während Storm die Mehrzahl seiner Novellen aus vielen Einzelnotizen zusammenarbeitete, ist „Pole Poppenspäler“ um die Jahreswende 1873/74 in einem Zuge niedergeschrieben worden. Die Novelle wurde zum ersten Male in Bd. 4 der Zeitschrift „Deutsche Jugend“, Leipzig 1874, abgedruckt und erschien im folgenden Jahre zusammen mit der Novelle „Waldwinkel“ in Buchform bei Westermann in Braunschweig. Der Dichter wandte hier zum ersten Male im Dialog Formen einer idealisierten süddeutschen Mundart an. Die erste Anregung dazu empfing er 1872, gelegentlich eines kurzen Besuches in München, Prien und Salzburg; später schöpfte er aus den Mundartgedichten des humorvollen Volksdichters Franz v. Kobell (1803–1872). Storms Tochter Gertrud berichtet, dass der Dichter Wilhelm Jensen, ein Freund und Verehrer ihres Vaters, den „Pole Poppenspäler“ seiner Frau mit „herzlicher Freude an dem braven Nasenkasperle“ vorgelesen habe und dass ein anderer Freund des Stormschen Hauses, Julius von der Traun (Reichsrat Schindler 1818–1885), die Novelle „Pole Poppenspäler“ eine lieblich und quellenrein fließende Erzählung nennt, die, da sie den Problemen aus dem Wege gehe, ihren Einzug mitten in die jungen und alten Herzen hielt.

Deutsch Literatur	Name: ____________	Klasse: ______	Datum: __________	Nr.: ___

Doktor Fausts Höllenfahrt

Theodor Storm

Theodor Storm wurde am 14. September 1817 in Husum geboren. Die Studienjahre verbrachte er in Berlin und Kiel, wo er 1842 sein juristisches Staatsexamen ablegte. 1843 ließ er sich in Husum als Advokat nieder.
Storms literarische Produktion begann früh: Schon in seinen Jugendjahren entstanden Gedichte, die er in Zeitschriften und Almanachen veröffentlichte. 1852 erschien die erste Ausgabe der „Gedichte“. Aber erst Storms Prosa, die Novellen, begründete seinen literarischen Ruhm. Die Buchausgabe von „Immensee“ (1849) erreichte noch zu Lebzeiten des Autors 30 Auflagen.
Die meisten von Storms etwa 50 Novellen waren zunächst für Zeitschriften geschrieben.

Die Erwartungen der Leser bezüglich der in der zweiten Hälfte des 19. Jahrhunderts massenhaft verbreiteten Publikumszeitschriften hatten entscheidenden Einfluss auf Form und Inhalt von Storms Prosatexten. Meist in der historischen Vergangenheit seiner Heimat spielend, ermöglichten Novellen wie „Pole Poppenspäler“, wozu auch „Doktor Fausts Höllenfahrt“ gehört (1873), „Aquis Submersus“ (1876), „Renate“ (1878) oder der „Schimmelreiter“ (1888) ihrer spätbürgerlichen Leserschaft den nach rückwärts gewandten Blick in „bessere“ Zeiten. Durchtränkt vom Gefühl des Unwiederbringlichen vermeiden sie die Konfrontation mit den Problemen der Stormschen Gegenwart.

Inhalt

1. Abteilung: ______________________________

____

2. Abteilung: ______________________________

____

3. Abteilung: ______________________________

____

Die Personen

Pole: ______________________________

Lisei: ______________________________

Herr Tendler: ______________________________

Frau Tendler: ______________________________

Poles Vater: ______________________________

Deutsch Literatur	Name: ____________	Klasse: ______	Datum: __________	Nr.: ___

Doktor Fausts Höllenfahrt

Theodor Storm

Theodor Storm wurde am 14. September 1817 in Husum geboren. Die Studienjahre verbrachte er in Berlin und Kiel, wo er 1842 sein juristisches Staatsexamen ablegte. 1843 ließ er sich in Husum als Advokat nieder.
Storms literarische Produktion begann früh: Schon in seinen Jugendjahren entstanden Gedichte, die er in Zeitschriften und Almanachen veröffentlichte. 1852 erschien die erste Ausgabe der „Gedichte". Aber erst Storms Prosa, die Novellen, begründete seinen literarischen Ruhm. Die Buchausgabe von „Immensee" (1849) erreichte noch zu Lebzeiten des Autors 30 Auflagen.
Die meisten von Storms etwa 50 Novellen waren zunächst für Zeitschriften geschrieben.

Die Erwartungen der Leser bezüglich der in der zweiten Hälfte des 19. Jahrhunderts massenhaft verbreiteten Publikumszeitschriften hatten entscheidenden Einfluss auf Form und Inhalt von Storms Prosatexten. Meist in der historischen Vergangenheit seiner Heimat spielend, ermöglichten Novellen wie „Pole Poppenspäler", wozu auch „Doktor Fausts Höllenfahrt" gehört (1873), „Aquis Submersus" (1876), „Renate" (1878) oder der „Schimmelreiter" (1888) ihrer spätbürgerlichen Leserschaft den nach rückwärts gewandten Blick in „bessere" Zeiten. Durchtränkt vom Gefühl des Unwiederbringlichen vermeiden sie die Konfrontation mit den Problemen der Stormschen Gegenwart.

Inhalt

1. Abteilung: *Vorbereitung des Puppenspiels, Blick hinter die Kulissen, Beschädigung der Kasperlfigur*

2. Abteilung: *Aufführung des Puppenspiels, Entdeckung des Schadens*

3. Abteilung: *Gewissensbisse, Flucht der Kinder, Suche der Eltern nach den Kindern, glückliches Ende*

Die Personen

Pole: *neugierig, ritterlich*

Lisei: *freundlich, hilfsbereit*

Herr Tendler: *freundlich, nachgiebig*

Frau Tendler: *streng, unfreundlich*

Poles Vater: *freundlich, gütig*

Thema

Die drei Söhne

Leo N. Tolstoi

Lernziele

Den Dichter Leo N. Tolstoi kennen lernen.
Die Erzählung Tolstois als Aufforderung zum mitmenschlichen Handeln begreifen.
Bewusstmachen, dass Hilfsbereitschaft menschliches Leben begründet.

Arbeitsmittel/Medien/Literaturhinweise

Folie 1 (Hilfsbereitschaft), 1 Textblatt, Folie 2 (Situation), 1 Arbeitsblatt

Tafelbild/Folie 1

Der bescheidene Held von Dortmund:

„Ich tat nur meine Pflicht."

I. Hinführung:

Lehrerinformation über den Dichter Leo N. Tolstoi (Natürliches Menschentum)

Zielangabe — TA: **Die drei Söhne**

II. Textbegegnung:

Lehrervortrag bis Zeile 11: „Da kamen ihnen drei Knaben entgegen.“ — SS vermuten Fortgang der Erzählung.

III. Textbetrachtung:

Stilles Erlesen der Erzählung

Aussprache/LSG

GA/EA/PA
1. Welche besonderen Eigenschaften besitzen die drei Söhne?
2. Beschreibe das Verhalten der Frauen!
3. Welcher Junge kommt zunächst etwas schlecht weg?
4. Bei welcher Situation zeigt sich der wahre Charakter der drei Jungen?
5. Warum sieht der Greis nur einen einzigen Sohn?

Auswertung/LSG — SS:
1. Der erste Sohn ist sehr geschickt, der zweite Sohn kann singen wie eine Nachtigall, der dritte Sohn zeigt zunächst keine besonderen Eigenschaften.
2. Die zwei Frauen loben ihre Söhne, die dritte Frau sieht keinen Grund ihn zu loben.
3. Der dritte Junge kommt zunächst schlecht weg, weil er keine besondere Gabe besitzt.
4. Der wahre Charakter zeigt sich, als die Frauen eine Ruhepause einlegen mussten.
5. Der Greis sieht nur einen einzigen Sohn, weil nur der dritte seiner Mutter hilft.

IV. Wertung:

Impuls — L: „Betrachte die Aussage der dritten Frau und vergleiche sie mit der Aussage des Greises!“

SÄ: „… ein gewöhnlicher Knabe …, d. h. die Hilfe sollte selbstverständlich sein …“

V. Ausweitung:

Beispiele für Mitmenschlichkeit (Folie 2)

VI. Sicherung:

SS: Eintrag ins AB

Die drei Söhne

Leo N. Tolstoi

Drei Frauen wollten Wasser holen am Brunnen. Nicht weit davon saß ein Greis auf einer Bank und hörte zu, wie die Frauen ihre Söhne lobten. „Mein Sohn“, sagte die erste, „ist so geschickt, dass er alle hinter sich lässt …“ „Mein Sohn“, sagte die zweite, „singt so schön wie die Nachtigall! Es gibt keinen, der eine so schöne Stimme hat wie er.“
„Und warum lobst du deinen Sohn nicht?“, fragten sie die dritte, als diese schwieg. „Ich habe nichts, wofür ich ihn loben könnte“, entgegnete sie. „Mein Sohn ist nur ein gewöhnlicher Knabe. Er hat etwas Besonderes weder an sich noch in sich …“
Die drei Frauen füllten ihre Eimer und gingen heim. Der Greis ging langsam hinter ihnen her. Die Eimer waren schwer und die abgearbeiteten Hände schwach. Deshalb machten die Frauen eine Ruhepause, denn der Rücken tat ihnen weh …
Da kamen ihnen drei Knaben entgegen. Der erste stellte sich auf die Hände und schlug Rad um Rad – und die Frauen riefen: „Welch ein geschickter Junge!“
Der zweite sang so herrlich wie die Nachtigall und die Frauen lauschten andachtsvoll und mit Tränen in den Augen.
Der dritte Knabe lief zu seiner Mutter, hob die Eimer und trug sie heim …
Da fragten die Frauen den Greis: „Was sagst du zu unseren Söhnen?“
„Wo sind eure Söhne?“, fragte der Greis verwundert. „Ich sehe nur einen einzigen Sohn!“

Leo N. Tolstoi (1828–1910) wird als einer der bedeutendsten Dichter nicht nur Russlands, sondern aller Völker bezeichnet.
In seinen Erzählungen und Romanen beschäftigt er sich vor allem mit moralischen und seelischen Problemen und mit dem natürlichen, guten Menschentum.
Große Bedeutung als Schriftsteller erlangte er durch die psychologisch tiefe, farbenreiche Schilderung Russlands und seiner Menschen, die nachhaltig auch auf die westliche Literatur wirkte.

Folie 2

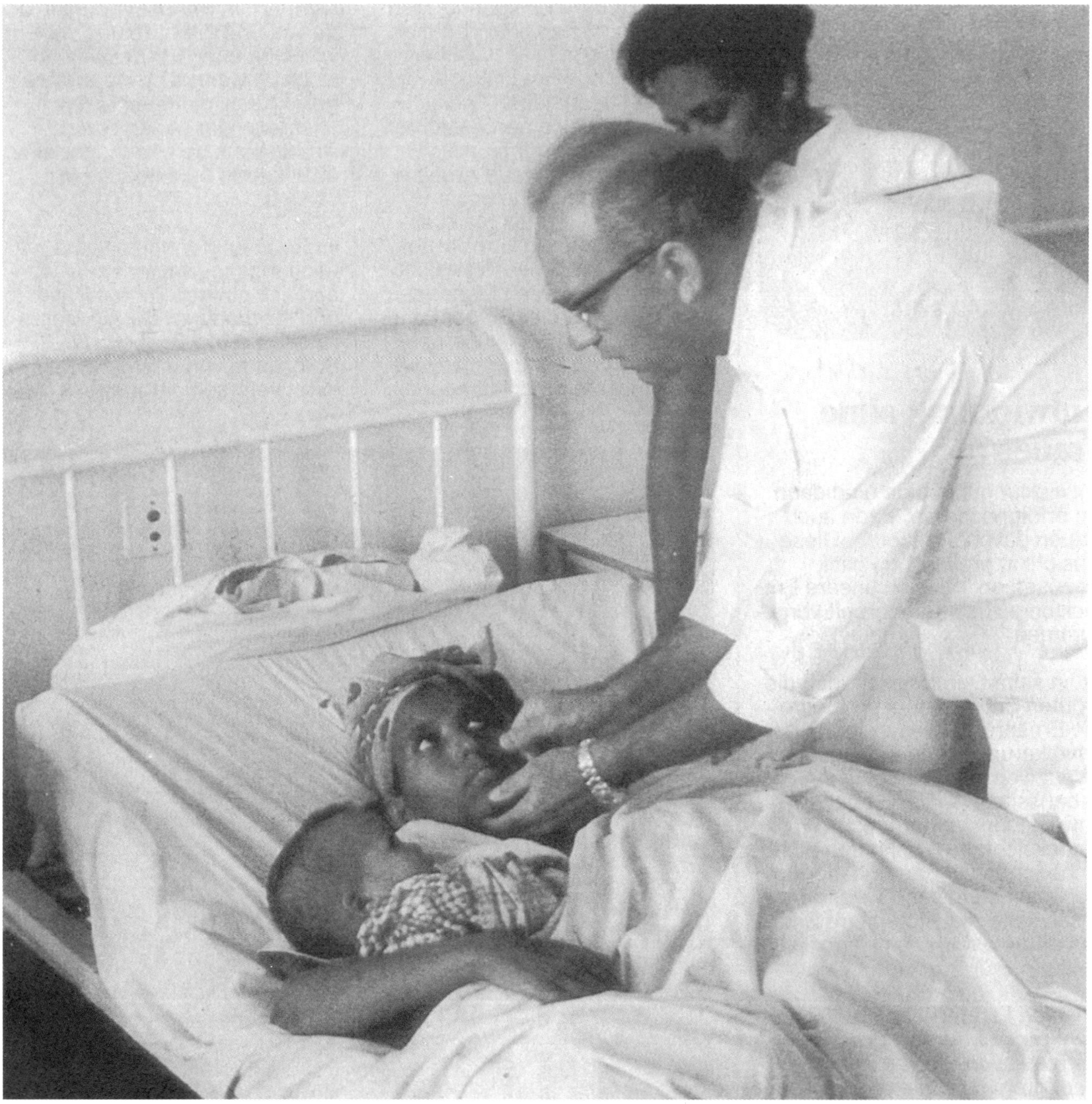

Deutsch Literatur	Name:	Klasse:	Datum:	Nr.:

Die drei Söhne

Leo N. Tolstoi

Die erste Frau:	**Die zweite Frau:**	**Die dritte Frau:**

Die Frauen gehen heim. Die Eimer werden schwer und sie müssen eine Ruhepause einlegen. Da kommen die drei Söhne.

Der Greis:

Deutsch Literatur	Name: ________	Klasse: ____	Datum: ________	Nr.: __

Die drei Söhne

Leo N. Tolstoi

Die erste Frau:	**Die zweite Frau:**	**Die dritte Frau:**
„Mein Sohn ist so geschickt, dass er alle hinter sich lässt …“	*„Mein Sohn singt so schön wie die Nachtigall!“*	*„Ich habe nichts, wofür ich ihn loben könnte.“*

Die Frauen gehen heim. Die Eimer werden schwer und sie müssen eine Ruhepause einlegen. Da kommen die drei Söhne.

Der erste stellte sich auf die Hände und schlug Rad um Rad.	*Der zweite sang so herrlich wie die Nachtigall.*	*Der dritte lief zu seiner Mutter, hob die Eimer und trug sie heim.*

Der Greis: *„Ich sehe nur einen einzigen Sohn!“*

↓

Der Wert des Menschen liegt nicht darin, was er kann, sondern wie er sich zu seinen Mitmenschen verhält! Hilfe sollte selbstverständlich sein!

Thema	**Wessobrunner Hymnus und Gebet**
	Unbekannter Verfasser

Lernziele

Aus dem Vergleich des alten Textes mit der Übersetzung in die Gegenwartssprache erkennen, dass sich unsere Sprache gewandelt hat.
Das Wessobrunner Gebet als eines der ältesten schriftlichen Zeugnisse kennen lernen.
Den ersten Teil als Weltschöpfungsgedicht und den Prosateil als Gebet erkennen.
Den Inhalt des Gebetes erarbeiten.

Arbeitsmittel/Medien/Literaturhinweise

Folie 1 (Benediktinerabtei Wessobrunn), 1 Arbeitsblatt

(„Wessobrunn“: eine Sage nach Alfons Steinberger, Möglichkeit zur Einstimmung)

Tafelbild/Folie 1

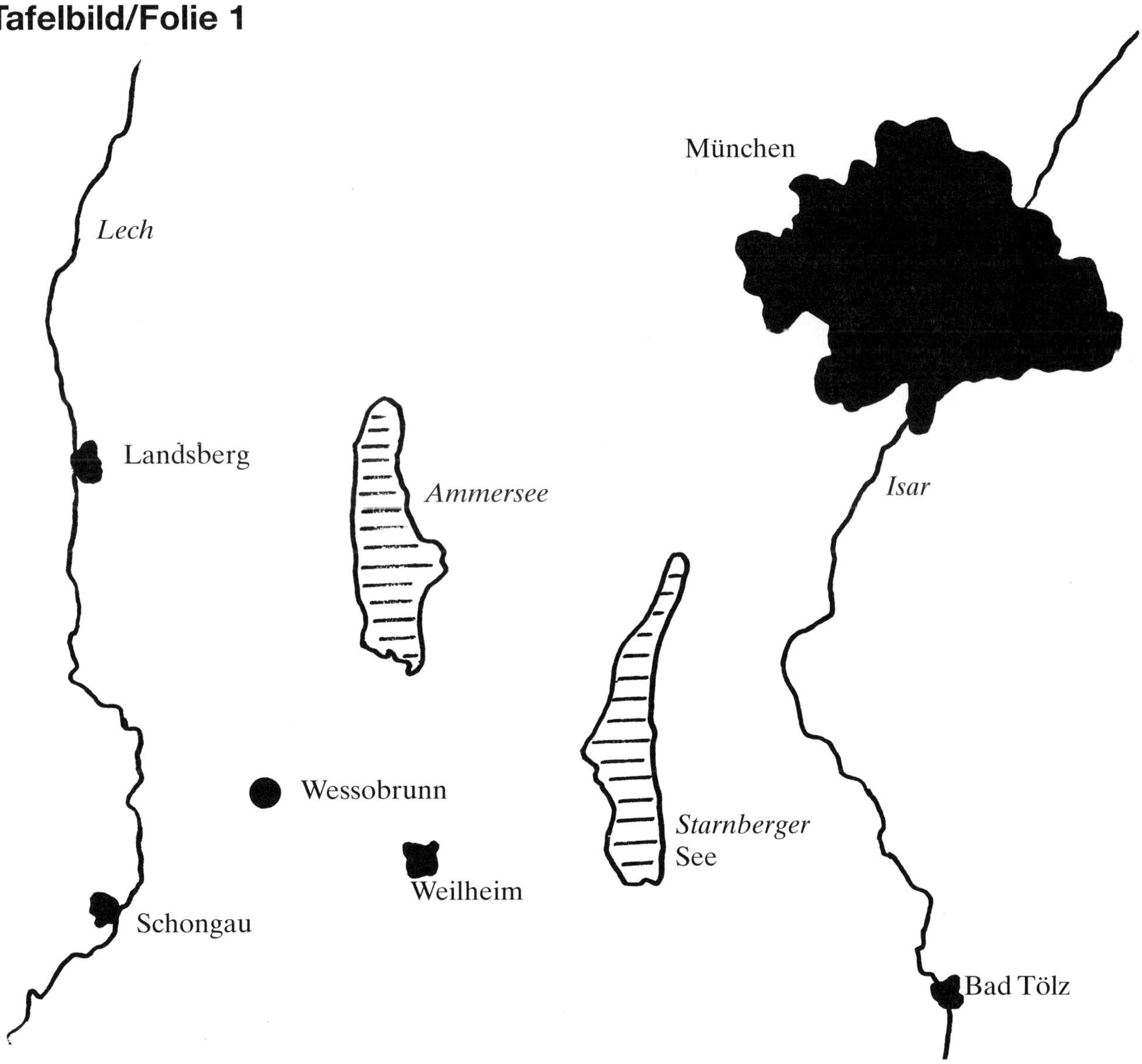

I. Einstimmung:

Folie 1 (Wessobrunn)/Information	L:	„Wessobrunn ist eine ehemalige Benediktinerabtei in Oberbayern, südwestlich des Ammersees gelegen. Das Kloster wurde um 753 gegründet, vermutlich als Stiftung des Bayernherzogs Tassilo. Der Sage nach rettete ihn sein Knecht Wesso vor dem Tode, indem er eine Quelle im Wald entdeckte und auf diese Weise Herzog Tassilo vor dem Verdursten bewahrte. Herzog Tassilo ließ aus Dankbarkeit an diesem ‚Brunnen' eine Kapelle errichten – Wessobrunn!"
Impuls	L:	„Aus dieser Zeit ist uns ein altes Schriftstück überliefert, das als eines der ältesten deutschen Sprachdenkmäler gilt."
Zielangabe	L:	**Das Wessobrunner Gebet**

II. Textbegegnung:

Lehrervortrag

III. Textbetrachtung:

Impuls/AB	L:	„Wir wollen diesen über 1000 Jahre alten Text nun in unsere Gegenwartssprache übersetzen."
	SS	erkennen durch die Übersetzung den Wandel in der Rechtschreibung, in der Wortbedeutung und in den Wortstämmen.

ero	– Erde
paum	– Baum
pereg	– Berg
sunna	– Sonne
liuhta	– leuchtete
heilac cot	– heiliger Gott
almahtico cot	– allmächtiger Gott
coot	– Gutes
galaupa	– Glauben
dinan uuilleon	– deinen Willen

Erkenntnis	SS:	Unsere Sprache hat sich in 1000 Jahren stark gewandelt.
Impuls	L:	„Der vorliegende Text besteht aus zwei Teilen."
Erkenntnis	SS:	Der erste Teil beschreibt die Weltschöpfung, der zweite Teil ist ein Gebet.

Erläuterung des geschichtlichen Hintergrundes

Das „Wessobrunner Gebet" ist eines der ältesten deutschen Sprachdenkmäler. Es wurde auf das letzte Blatt eines lateinischen Gesetzbuches geschrieben, das auf das Jahr 814 datiert ist. Dieses Gesetzbuch wurde in der oberbayerischen Benediktinerabtei Wessobrunn aufgefunden und befindet sich heute in der Staatsbibliothek München. Die Handschrift, die leider nur unvollständig erhalten ist, preist die Weltschöpfung Gottes in der Sprache, wie sie zurzeit Karls des Großen (742–814) geklungen hat.

Das Wessobrunner Gebet

Unbekannter Verfasser *(in der Sprache um 800)*

Dat gafregin ih mit firahim firiuuizzo meista,
dat ero ni uuas noh ûfhimil
noh paum … noh pereg ni uuas,
ni … nohheinîg noh sunna ni scein,
noh mâno ni liuhta, noh der mâreo sêo.
Do dâr niuuiht ni uuas enteo ni uuenteo,
enti dô uuas der eino almahtîco cot,
manno miltisto, enti dâr wârun auh manake mit inan
cootlîhhe geistâ enti cot heilac …

Cot almahtîco, dû himil enti erda gauuorahtôs,
enti dû mannun sô manac coot forgâpi,
forgip mir in dîno ganâdâ rehta galaupa enti côtan
uuilleon, uuîstôm enti spâhida enti craft, tiuflun
za uuidarstantanne enti arc za piuuîsanne enti dînan
uuilleon za gauuurchanne.

Übersetzung (Gegenwartssprache)

Das erfuhr ich in der Welt als der Wunder größtes,
______________, noch oben der Himmel,
__________ nicht wuchs, __________ nicht war,
noch irgendein Stern, ________________,
noch der Mond __________, noch die mächtige ______.
Als da kein Wesen war, an Enden und Wenden,
______________ ______________,
der Männer mildester. Und da waren auch manche bei ihm,
herrliche ________. ______________ …

______________, der du Himmel und Erde gewirkt hast
und der du den Menschen so viel ________ gegeben hast,
verleihe mir in deiner Gnade ______________ und guten
________, Weisheit und Klugheit und ________, den Teufeln
zu __________ und das Böse zu meiden und __________ zu wirken.

Deutsch Literatur	Name: ______	Klasse: ____	Datum: ______	Nr.: __

Das Wessobrunner Gebet

Unbekannter Verfasser *(in der Sprache um 800)*

Dat gafregin ih mit firahim firiuuizzo meista,
dat ero ni uuas noh ûfhimil
noh paum … noh pereg ni uuas,
ni … nohheinîg noh sunna ni scein,
noh mâno ni liuhta, noh der mâreo sêo.
Do dâr niuuiht ni uuas enteo ni uuenteo,
enti dô uuas der eino almahtîco cot,
manno miltisto, enti dâr wârun auh manake mit inan
cootlîhhe geistâ enti cot heilac …

Cot almahtîco, dû himil enti erda gauuorahtôs,
enti dû mannun sô manac coot forgâpi,
forgip mir in dîno ganâdâ rehta galaupa enti côtan
uuilleon, uuîstôm enti spâhida enti craft, tiuflun
za uuidarstantanne enti arc za piuuîsanne enti dînan
uuilleon za gauuurchanne.

Übersetzung (Gegenwartssprache)

Das erfuhr ich in der Welt als der Wunder größtes,
dass die Erde nicht war, noch oben der Himmel,
noch Baum nicht wuchs, *noch Berg* nicht war,
noch irgendein Stern, *noch die Sonne nicht schien*,
noch der Mond *nicht leuchtete*, noch die mächtige *See*.
Als da kein Wesen war, an Enden und Wenden,
da war doch der eine *allmächtige Gott*,
der Männer mildester. Und da waren auch manche bei ihm,
herrliche *Geister*. *Und der heilige Gott* …

Allmächtiger Gott, der du Himmel und Erde gewirkt hast
und der du den Menschen so viel *Gutes* gegeben hast,
verleihe mir in deiner Gnade *rechten Glauben* und guten
Willen, Weisheit und Klugheit und *Kraft*, den Teufeln
zu *widerstehen* und das Böse zu meiden und *deinen Willen* zu wirken.

Thema

Ich kam, weiß nicht woher

Alter Volksspruch

Lernziele

Die Grundfragen des Lebens formulieren können.
Sich mit den Grundfragen des Lebens auseinander setzen.
Erkennen, dass nicht alle Grundfragen des Lebens beantwortet werden können.
Ein Gedicht sinngestaltend vortragen können.

Arbeitsmittel/Medien/Literaturhinweise

1 Arbeitsblatt/Textblatt

Tafelbild/Folie

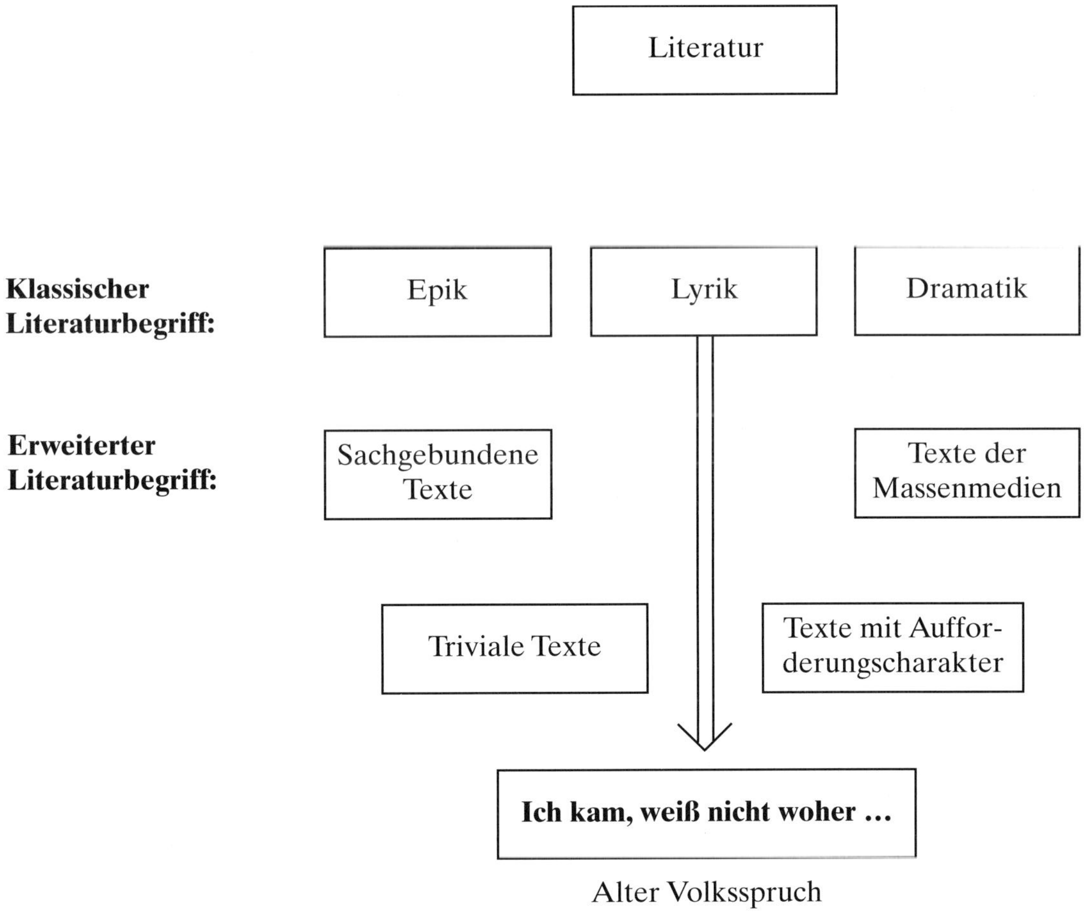

I. Hinführung:	L:	„Unter dem Begriff ‚Literatur' kann man verschiedene Textarten verstehen."
Anknüpfen an bekanntes Wissen	SÄ:	„Erzählungen, Romane, Gedichte, Berichte, Sagen, Märchen …"
Impuls	L:	„All diese Texte lassen sich bestimmten Literaturgattungen zuordnen."
TA	SS:	Epik, Lyrik, Dramatik, aber auch: triviale Texte, Texte der Massenmedien, Texte mit Aufforderungscharakter, sachgebundene Texte
TA/Zielangabe	L:	„Zum Bereich der Lyrik zählt ein alter Volksspruch, ein Gedicht mit dem Titel ‚**Ich kam, weiß nicht woher**'."
II. Textbegegnung und Texterarbeitung:	L	trägt das Gedicht ausdrucksstark vor.
	SS:	freie Aussprache
AB	L:	„Das Gedicht behandelt wichtige Themen. Versuche sie in Frageform aufzuschreiben!"
AB/EA	SS:	Woher komme ich? Wer bin ich? Wie lange lebe ich? Wann sterbe ich? Wohin führt mein Weg? Warum bin ich (trotzdem) so fröhlich?
	L:	„Vielleicht kannst du einige dieser Fragen beantworten!"
LSG/freie Äußerungen	SS:	…
	L:	„Der letzte Satz hat eine besondere Bedeutung."
	S:	Obwohl wir über uns selbst so wenig wissen, fühlen wir uns wohl und sind fröhlich,vergnügt und freuen uns.
	L:	„Gibt es auch Menschen, die dies anders sehen?"
	SÄ:	„Verzweifelte Menschen, einsame Menschen, unglückliche Menschen …"
III. Vertiefung:	L:	„Hans Thoma, ein Maler, fügte noch vier Verszeilen als Antwort hinzu."
Arbeitsblatt	L:	„Kannst du seine Aussage mit eigenen Worten zusammenfassen?"
	S:	Unser Leben liegt in Gottes Hand. Es besteht kein Grund zur Traurigkeit. Gott führt uns wohl durch unser Leben.
IV. Sicherung:	SS:	Eintrag ins Arbeitsblatt
AB	SS:	Gedicht sinngestaltend vortragen

Ich kam, weiß nicht woher

Alter Volksspruch

Ich kam, weiß nicht woher,
Ich bin und weiß nicht wer,
Ich leb, weiß nicht wie lang,
Ich sterb und weiß nicht wann,
Ich fahr, weiß nicht wohin,
Mich wundert's, dass ich so fröhlich bin.

Jede Verszeile kann in eine Frage umformuliert werden:

__________ → __________

__________ → __________

__________ → __________

__________ → __________

__________ → __________

__________ → __________

Das Gedicht befasst sich mit den __________

Hans Thoma (1839–1924) beantwortet die Fragen so:

Da mir mein Sein so unbekannt,
geb ich es ganz in Gottes Hand. –
Die führ es wohl, so her wie hin:
Mich wundert's, wenn ich noch traurig bin.

Welche Aussage trifft er? Fasse sie mit eigenen Worten zusammen!

Ich kam, weiß nicht woher

Alter Volksspruch

Ich kam, weiß nicht woher,
Ich bin und weiß nicht wer,
Ich leb, weiß nicht wie lang,
Ich sterb und weiß nicht wann,
Ich fahr, weiß nicht wohin,
Mich wundert's, dass ich so fröhlich bin.

Jede Verszeile kann in eine Frage umformuliert werden:

Woher komme ich? → *Eltern, Großeltern, …*

Wer bin ich? → *ein Mensch, ein Lebewesen, …*

Wie lange lebe ich? → *unbekannt*

Wann sterbe ich? → *unbekannt*

Wohin führt mein Weg? → *unbekannt*

Warum bin ich so fröhlich? → *Traurigkeit würde uns auch nicht zu mehr Wissen verhelfen.*

Das Gedicht befasst sich mit den *Grundfragen des Lebens.*
Diese Fragen haben sich Menschen schon immer gestellt.

Hans Thoma (1839–1924) beantwortet die Fragen so:

Da mir mein Sein so unbekannt,
geb ich es ganz in Gottes Hand. –
Die führ es wohl, so her wie hin:
Mich wundert's, wenn ich noch traurig bin.

Welche Aussage trifft er? Fasse sie mit eigenen Worten zusammen!

Unser Leben liegt in Gottes Hand.
Es besteht kein Grund zur Traurigkeit.
Gott führt uns gut durch unser Leben.

Thema

Die Brück am Tay

Theodor Fontane

Lernziele

Den Inhalt der Ballade „Die Brück am Tay“ erfassen und wiedergeben.
Den Aufbau der Ballade erkennen.
Die Absicht des Dichters erkennen.
Die Ballade angemessen vortragen.

Arbeitsmittel/Medien/Literaturhinweise

2 Textblätter, 1 Arbeitsblatt, Folie 1 (Foto „Brücke im Nebel“ oder selbst skizzierte Zeichnung: Einsturz einer Brücke), Folie 2 (Zeitungsbericht, siehe Arbeitsblatt)

Tafelbild/Folie

Die Brück am Tay

Inhalt:
Personen: Brücknersleute, Johnie (Sohn der Brücknersleute)
Ort: Am Tay (Fluss in Schottland)
Zeit: Um Weihnachten des Jahres 1879
Geschehen: Brücknersleute erwarten ihren Sohn, der mit dem Zug kommen soll. Auf der Fahrt über die Brücke stürzt diese unwetterbedingt ein.

Aufbau:
1. Naturgewalten beratschlagen.
2. Brücknersleute warten auf ihren Sohn Johnie (Sorge, Erwartung).
3. Johnie vertraut auf Zug und Brücke (Jugend, Mut, Stolz).
4. Weiteres Warten der Brückner (Sorge, Angst), Brücke stürzt ein.
5. Naturgewalten beratschlagen erneut (neue Katastrophen werden folgen).

Gehalt: „Tand, Tand ist das Gebilde von Menschenhand.“
Menschenwerk hält den Naturgewalten nicht stand.
(Tand = billiges, wertloses Zeug)

I. Hinführung:		
Impuls/Folie 1	OHP:	Foto „Brücke im Nebel"/Zeichnung: Einsturz der Taybrücke
	SÄ:	„Zugunglück … Überlastung der Brücke … menschliches Versagen …"
Zielangabe	TA:	**Die Brück am Tay**
II. Textbegegnung:	L:	„Theodor Fontane, ein zeitgenössischer Dichter, hat die Ursache dieses Unglücks auf seine Weise dargestellt."
	L	trägt die Ballade vor.
	SS	äußern sich spontan.
III. Erarbeitung:		
1. Teilziel: Inhalt Impuls	L:	„Fontane erzählt uns mit seiner Ballade eine Geschichte."
	SS	geben Inhalt wieder.
	TA:	Personen der Handlung, Geschehen
2. Teilziel: Aufbau Impuls	L:	„Das Gedicht ist in fünf unterschiedliche Strophen gegliedert, die uns die verschiedenen Sichtweisen des Geschehens zeigen."
	SS	nennen den Aufbau.
	TA:	1. Strophe: Naturgewalten – Absicht 2. Strophe: Brücknersleute: Sorge, Erwartung 3. Strophe: Johnie: Jugend, Mut, Stolz 4. Strophe: Brücknersleute: Sorge, Angst 5. Strophe: Naturgewalten: Nach der Zerstörung werden neue Katastrophen folgen.
3. Teilziel: Die Absicht des Dichters Impuls/Folie 2	OHP:	Text: Bericht aus der Zeitung
Impuls	L:	„Fontanes Gedicht und der Zeitungsbericht unterscheiden sich wesentlich."
	SS:	Zeitungsbericht: nüchtern Gedicht: böse, düstere Mächte; Naturgewalten werden personifiziert, schaden dem Menschen und zerstören, was er geschaffen hat.
	LSS:	Schlüsselwort: „Tand, Tand Ist das Gebilde von Menschenhand."
IV. Ausklang:	SS	lesen Gedicht (Vortrag).
V. Sicherung:	SS	tragen TA ins AB ein.

Die Brück am Tay

Theodor Fontane

„Wann treffen wir drei wieder zusamm?"
„Um die siebente Stund, am Brückendamm."
„Am Mittelpfeiler."
„Ich lösche die Flamm."
„Ich mit."
„Ich komme vom Norden her."
„Und ich vom Süden."
„Und ich vom Meer."
„Hei, das gibt einen Ringelreihn
Und die Brücke muss in den Grund hinein."
„Und der Zug, der in die Brücke tritt
Um die siebente Stund?"
„Ei, der muss mit."
„Muss mit."
„Tand, Tand
Ist das Gebilde von Menschenhand!"

Auf der Norderseite, das Brückenhaus –
Alle Fenster sehen nach Süden aus,
Und die Brücknersleut ohne Rast und Ruh
Und in Bangen sehen nach Süden zu,
Sehen und warten, ob nicht ein Licht
Übers Wasser hin: „Ich komme", spricht,
„Ich komme, trotz Nacht und Sturmesflug,
Ich, der Edinburger Zug."

Und der Brückner jetzt: „Ich seh einen Schein
Am anderen Ufer. Das muss er sein.
Nun, Mutter, weg mit dem bangen Traum,
Unser Johnie kommt und will seinen Baum
Und was noch am Baume von Lichtern ist,
Zünd alles an wie zum heiligen Christ,
Der will heuer zweimal mit uns sein, –
Und in elf Minuten ist er herein."

Und es war der Zug. Am Süderturm
Keucht er vorbei jetzt gegen den Sturm,
Und Johnie spricht: „Die Brücke noch!
Aber was tut es, wir zwingen es doch.
Ein fester Kessel, ein doppelter Dampf,
Die bleiben Sieger in solchem Kampf.
Und wie's auch rast und ringt und rennt,
Wir kriegen es unter, das Element.

Und unser Stolz ist unsre Brück;
Ich lache, denk ich an früher zurück,
An all den Jammer und all die Not
Mit dem elend alten Schifferboot;
Wie lange liebe Christfestnacht,
Hab ich im Fährhaus zugebracht
Und sah unsrer Fenster lichten Schein
Und zählte und konnte nicht drüben sein."

Auf der Norderseite, das Brückenhaus –
Alle Fenster sehen nach Süden aus,
Und die Brücknersleut ohne Rast und Ruh
Und in Bangen sehen nach Süden zu;
Denn wütender wurde der Winde Spiel,
Und jetzt, als ob Feuer vom Himmel fiel,
Erglüht es in niederschießender Pracht
Überm Wasser unten … Und wieder ist Nacht.

„Wann treffen wir drei wieder zusamm?“
„Um Mitternacht, am Bergeskamm.“
„Auf dem hohen Moor, am Erlenstamm.“
„Ich komme.“
„Ich mit.“
„Ich nenn euch die Zahl.“
„Und ich die Namen.“
„Und ich die Qual.“
„Hei! Wie Splitter brach das Gebälk entzwei.“
„Tand, Tand
Ist das Gebilde von Menschenhand.“

Folie 1

Deutsch Literatur	Name: ____________	Klasse: _____	Datum: __________	Nr.: __

Die Brück am Tay

Theodor Fontane

1. Zeitungsmeldung

Züricher Freitagszeitung, 2. Januar 1880

Während eines furchtbaren Wintersturms brach am 29. Dezember 1879 nachts die große Eisenbahnbrücke über den Taystrom in Schottland zusammen, und zwar in dem Moment, als der Zug darüber fuhr. 90 Personen, nach anderen Meldungen 300, kamen dabei ums Leben. Der verunglückte Zug hatte nämlich sieben Wagen, die alle fast ganz besetzt waren, und er stürzte über 100 Fuß hoch ins Wasser hinunter.

Alle 13 Brückenspannungen sind samt den Säulen, worauf sie standen, verschwunden. Die Öffnung der Brücke ist eine halbe englische Meile lang. Der Bau der Brücke hat seinerzeit 350.000 Pfund Sterling gekostet. Erst im Frühjahr 1878 war die Brücke auf ihre Festigkeit hin überprüft worden.

Bis zu diesem Unglück galt sie als technisches Wunderwerk.

Bis jetzt waren alle Versuche zur Auffindung der Leichen oder des Trains vergeblich.

2. Ballade von Theodor Fontane

a) *Inhalt:*

Personen: ________________________________

Ort: ________________________________

Zeit: ________________________________

Hergang: ________________________________

____

____

b) *Aufbau:*

____

____

____

____

____

____

____

____

c) *Gehalt:* „Tand, Tand
Ist das Gebilde von Menschenhand."

____

____

Deutsch Literatur	Name: ______	Klasse: ______	Datum: ______	Nr.: ___

Die Brück am Tay

Theodor Fontane

1. Zeitungsmeldung

Züricher Freitagszeitung, 2. Januar 1880

Während eines furchtbaren Wintersturms brach am 29. Dezember 1879 nachts die große Eisenbahnbrücke über den Taystrom in Schottland zusammen, und zwar in dem Moment, als der Zug darüber fuhr. 90 Personen, nach anderen Meldungen 300, kamen dabei ums Leben. Der verunglückte Zug hatte nämlich sieben Wagen, die alle fast ganz besetzt waren, und er stürzte über 100 Fuß hoch ins Wasser hinunter.
Alle 13 Brückenspannungen sind samt den Säulen, worauf sie standen, verschwunden. Die Öffnung der Brücke ist eine halbe englische Meile lang. Der Bau der Brücke hat seinerzeit 350.000 Pfund Sterling gekostet. Erst im Frühjahr 1878 war die Brücke auf ihre Festigkeit hin überprüft worden.
Bis zu diesem Unglück galt sie als technisches Wunderwerk.
Bis jetzt waren alle Versuche zur Auffindung der Leichen oder des Trains vergeblich.

2. Ballade von Theodor Fontane

a) *Inhalt:*

Personen: *Brücknersleute, Johnie (Sohn der Brückner)*

Ort: *Am Tay (Fluss in Schottland)*

Zeit: *Um Weihnachten des Jahres 1879*

Hergang: *Brücknersleute erwarten ihren Sohn, der mit dem Zug kommen soll.*
Auf der Fahrt über die Brücke stürzt diese unwetterbedingt ein.

b) *Aufbau:*

1. Naturgewalten beratschlagen.
2. Brücknersleute warten auf ihren Sohn (Sorge).
3. Johnie vertraut auf Zug und Brücke (Mut, Stolz).
4. Weiteres Warten der Brückner (Angst). Einsturz.
5. Naturgewalten beratschlagen erneut.

c) *Gehalt:* „Tand, Tand
Ist das Gebilde von Menschenhand."

Menschenwerk hält den Naturgewalten nicht stand.
(Tand = billiges, wertloses Zeug)

Thema

Sommergesang

Paul Gerhardt

Lernziele

Paul Gerhardt als bedeutenden religiösen Lyriker des 17. Jahrhunderts kennen lernen.
Das Gedicht als Dank an Gott für die Gaben des Sommers begreifen.
Schönheit des Sommers bewusst machen.
Das sinngestaltende Lesen und den freien Vortrag üben.

Arbeitsmittel/Medien/Literaturhinweise

1 Textblatt/Arbeitsblatt, Folie 1 (Informationen über den Dichter), Kalenderbild „Sommer" für Tafelbild besorgen

Tafelbild/Folie

Sommergesang

Aufforderung, sich an Gottes Gaben zu erfreuen

Bäume stehen voller Laub.

Narzissen und Tulpen blühen.

Vögel fliegen in der Luft.

Hirsch und Reh bewegen sich im tiefen Gras.

Die Bächlein rauschen.

Schafe sind auf der Wiese.

Bienen suchen Honig.

Der Weizen wächst.

Der Weinstock blüht.

↓

Dank an Gott für die Gaben des Sommers

I. Hinführung:

Impuls	L:	„Mit dem Sommer verbindest du sicher ganz bestimmte Dinge!“
Kalenderbild (Sommer)	SÄ:	„Wärme, baden gehen, Ausflug …“
Zielangabe	TA:	**Sommergesang**

II. Erarbeitung:

Textblatt 1
Gemeinsames Erlesen/LSG

Inhalt:

SS: 1. Strophe:
Aufforderung, sich an Gottes Gaben zu erfreuen

2.–7. Strophe:
Beschreibung der Merkmale des Sommers:
- Bäume stehen voller Laub.
- Narzissen und Tulpen blühen.
- Vögel fliegen durch die Luft.
- Hirsch und Reh bewegen sich im tiefen Gras.
- Die Bächlein rauschen.
- Schafe sind auf der Wiese.
- Bienen suchen Honig.
- Der Weinstock blüht.
- Der Weizen wächst.

8. Strophe
Der Dichter lässt erkennen, dass er sich an Gottes großem Tun erfreut.

Gehalt:
Dank an Gott für die Gaben des Sommers

SS: „Ich singe mit, wenn alles singt,
Und lasse, was dem Höchsten klingt,
Aus meinem Herzen rinnen.“

III. Sicherung:

SS: Eintrag TA ins AB

IV. Ausweitung:

Gestaltungsaufgabe zum Thema Sommer

Deutsch Literatur	Name: ______	Klasse: ____	Datum: ______	Nr.: __

Sommergesang

Paul Gerhardt

Geh aus, mein Herz, und suche Freud
In dieser lieben Sommerzeit
An deines Gottes Gaben;
Schau an der schönen Gärten Zier
Und siehe, wie sie mir und dir
Sich ausgeschmücket haben.

Die Bäume stehen voller Laub,
Das Erdreich decket seinen Staub
Mit einem grünen Kleide;
Narzissus und die Tulpian,
Die ziehen sich viel schöner an,
Als Salomonis Seide.

Die Lerche schwingt sich in die Luft,
Das Täublein fleucht aus seiner Kluft
Und macht sich in die Wälder;
Die hoch begabte Nachtigall
Ergetzt und füllt mit ihrem Schall
Berg, Hügel, Tal und Felder.

Die Glucke führt ihr Völklein aus,
Der Storch baut und bewohnt sein Haus,
Das Schwälblein speist die Jungen;
Der schnelle Hirsch, das leichte Reh
Ist froh und kommt aus seiner Höh
Ins tiefe Gras gesprungen.

Die Bächlein rauschen in dem Sand
Und malen sich in ihrem Rand
Mit schattenreichen Myrten;
Die Wiesen liegen hart dabei
Und klingen ganz von Lustgeschrei
Der Schaf und ihrer Hirten.

Die unverdross'ne Bienenschar
Fleucht hin und her, sucht hier und dar
Ihr edle Honigspeise.
Des süßen Weinstocks starker Saft
Bringt täglich neue Stärk und Kraft
In seinem schwachen Reise.

Der Weizen wächset mit Gewalt,
Darüber jauchzet Jung und Alt,
Und rühmt die große Güte
Des, der so überflüssig labt
Und mit so manchem Gut begabt
Das menschliche Gemüte.

Ich selbsten kann und mag nicht ruhn,
Des großen Gottes großes Tun
Erweckt mir alle Sinnen;
Ich singe mit, wenn alles singt,
Und lasse, was dem Höchsten klingt,
Aus meinem Herzen rinnen.

Folie 1

Paul Gerhardt

Paul Gerhardt (1607–1676) schuf mit seinen 130 Liedern und Gedichten die bedeutendste religiöse Lyrik des 17. Jahrhunderts. Er studierte in Wittenberg ev. Theologie und wurde 1657 Pastor in Berlin. Mit ihm erreichte das Kirchenlied einen neuen Höhepunkt nach Martin Luther. Am bekanntesten sind „Befiehl du deine Wege“, „O Haupt voll Blut und Wunden“ und das Gedicht „Geh aus mein Herz und suche Freud“, das von August M. Harder vertont wurde.

Geh aus, mein Herz

Nun danket all und bringet Ehr

2. Ermuntert euch und singt mit Schall Gott, unserm höchsten Gut, der seine Wunder überall und große Dinge tut.
3. Er gebe uns ein fröhlich Herz, erfrische Geist und Sinn und werf all Angst, Furcht, Sorg und Schmerz in Meeres Tiefe hin.
4. Er lasse seinen Frieden ruhn auf unserm Volk und Land; er gebe Glück zu unserm Tun und Heil zu allem Stand.

Worte: Paul Gerhardt Weise: Johann Crüger Satz: Friedrich Ebert

Thema

Im Nebel

Hermann Hesse

Lernziele

Inhalt und Gehalt des Gedichts kennen lernen.
Erkennen der Grundaussage des Gedichts: Leben ist Einsamsein.
Hermann Hesse als bedeutenden deutschen Dichter kennen lernen.
Von der Aussage des Gedichts auf den Schreibanlass schließen können.

Arbeitsmittel/Medien/Literaturhinweise

Folie 1 (Landschaft im Nebel), 1 Arbeitsblatt/Textblatt

Tafelbild/Folie 1

I. Hinführung:

Folie 1 (Bild: Landschaft im Nebel)

Zielangabe — TA: **Im Nebel**

II. Textbegegnung:

Lehrervortrag

III. Textanalyse:

Inhalt/Gehalt – AB/LSG

SS:

1. Strophe:
Im Nebel sind die Teile der Natur allein.

2. Strophe:
Solange es mir gut ging, hatte ich Freunde. Der „Nebel“ steht für „Sorgen“, „Probleme“… Jetzt lassen sich die sog. Freunde nicht mehr sehen …

3. Strophe:
Kein Mensch ist weise, der diese Erfahrung nicht gemacht hat.

4. Strophe:
„Leben ist Einsamsein.“

IV. Vertiefung:

Gegenüberstellung der ersten und letzten Strophe

TA:

Seltsam, im Nebel zu wandern!	–	Seltsam, im Nebel zu wandern!
Einsam ist jeder Busch und Stein,	–	Leben ist Einsamsein,
Kein Baum sieht den andern,	–	Kein Mensch kennt den andern,
Jeder ist allein.	–	Jeder ist allein.

SS: Hesse vergleicht das Dasein der Natur mit dem Dasein des Menschen und kommt zu dem Schluss: „Leben ist Einsamsein.“

V. Sicherung:

SS: Eintrag ins AB

VI. Ausweitung:

Warum hat Hesse dieses Gedicht geschrieben?

SS: Beschreibung eigener Erfahrungen mit Menschen, pessimistische Stimmung, von „Freunden“ enttäuscht …

H. Hesse (1877–1962) zählt zu den bedeutendsten Erzählern und Lyrikern des 20. Jahrhunderts. Seine Werke handeln von Reifeproblemen, vom Sinn des Lebens, vom Frieden zwischen den Menschen und Völkern. 1946 erhielt Hermann Hesse den Nobelpreis für Literatur.

Deutsch
Literatur

Name: ____________ Klasse: _____ Datum: __________ Nr.: ___

Im Nebel

Hermann Hesse

Seltsam, im Nebel zu wandern!
Einsam ist jeder Busch und Stein,
Kein Baum sieht den andern,
Jeder ist allein.

Voll von Freunden war mir die Welt,
Als noch mein Leben licht war;
Nun, da der Nebel fällt,
Ist keiner mehr sichtbar.

Wahrlich, keiner ist weise,
Der nicht das Dunkel kennt,
Das unentrinnbar und leise
Von allen ihn trennt.

Seltsam, im Nebel zu wandern!
Leben ist Einsamsein.
Kein Mensch kennt den andern,
Jeder ist allein.

Seltsam, im Nebel zu wandern!		Seltsam, im Nebel zu wandern!
______________________	⟷	______________________
______________________	⟷	______________________
______________________		______________________
______________________		______________________
Jeder ist allein.		Jeder ist allein.

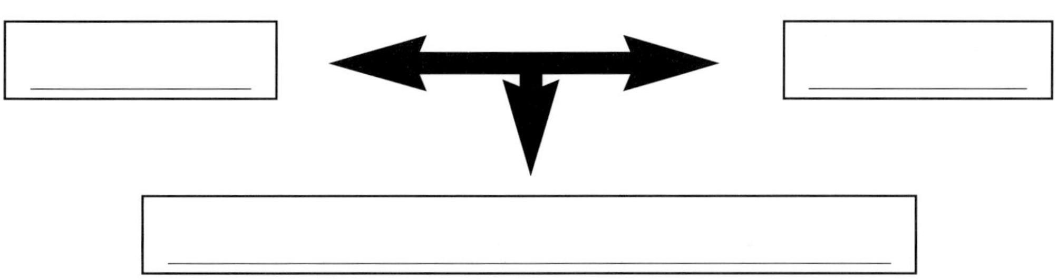

Deutsch Literatur	Name: ______	Klasse: ____	Datum: ______	Nr.: __

Im Nebel

Hermann Hesse

Seltsam, im Nebel zu wandern!
Einsam ist jeder Busch und Stein,
Kein Baum sieht den andern,
Jeder ist allein.

Voll von Freunden war mir die Welt,
Als noch mein Leben licht war;
Nun, da der Nebel fällt,
Ist keiner mehr sichtbar.

Wahrlich, keiner ist weise,
Der nicht das Dunkel kennt,
Das unentrinnbar und leise
Von allen ihn trennt.

Seltsam, im Nebel zu wandern!
Leben ist Einsamsein.
Kein Mensch kennt den andern,
Jeder ist allein.

	↔	
Seltsam, im Nebel zu wandern! *Einsam ist jeder Busch* *und Stein,* *Kein Baum sieht den andern,* ______ Jeder ist allein.	↔ ↔	Seltsam, im Nebel zu wandern! *Leben ist Einsamsein,* ______ *Kein Mensch kennt den andern,* ______ Jeder ist allein.

Natur ⟷ *Mensch*

↓

„Leben ist Einsamsein."

Thema

Die Bürgschaft

Friedrich von Schiller

Lernziele

Friedrich von Schiller als bedeutenden deutschen Dichter begreifen.
Inhalt und Gehalt des Gedichts kennen lernen.
Bewusstmachen, dass Schiller in diesem Gedicht den Wert der Freundschaft preist.
Bewusstmachen, was es heißt ein Freund zu sein.

Arbeitsmittel/Medien/Literaturhinweise

Folie 1 (Schiller), 2 Textblätter, 1 Arbeitsblatt

Tafelbild/Folie 1

I. Hinführung:

Folie 1 (Bild Schiller)	L:	Friedrich von Schiller, geb. am 10. Nov. 1759 in Marbach (Württ.), gest. 9. Mai 1805 in Weimar; Militärakademie, Studium der Medizin, 1780 Regimentsmedicus in Stuttgart, 1782 Flucht nach Mannheim wegen Schreibverbot, Aufenthalt in Leipzig, Dresden; 1789 Professor in Jena, 1794 Freundschaft mit Goethe; bedeutender deutscher Dichter."
Zielangabe	TA:	**Die Bürgschaft**

II. Erarbeitung:

Worterklärungen:	TA:	Tyrann – Gewaltherrscher Häscher – Diener, Soldaten Nachen – Kahn Zeus – griechischer Gott Syrakus – Stadt in Griechenland
Textblätter 1 und 2		
Inhalt:		
Gemeinsame Aussprache	SS:	– Mordversuch, – Bitte um Aufschub, Bürgschaft, – Schwester mit Gatten vereint, – überwindet den reißenden Strom, – entgeht den Räubern, – eine Quelle erfrischt ihn, – er erlöst seinen Freund aus der Bürgschaft, – der König erkennt den Wert der wahren Freundschaft und bittet ihn aufzunehmen.
Gehalt:		
Besprechen der Schlüsselstellen des Gedichts		
3. Strophe: „Da lächelt der König …"	SS:	Der König glaubt, die Freundschaft sei nicht stark genug, um zurückzukehren …
17. Strophe: „Des rühme der blutge …"	SS:	Auch wenn sein Freund schon tot wäre, würde er sich trotzdem dem Tyrannen stellen, um den Glauben seines Freundes an ihn zu rechtfertigen …
Letzte Strophe	SS:	Der König lernt den Wert einer Freundschaft schätzen …

III. Sicherung:

	SS:	Eintrag ins AB

IV. Ausweitung:

Jemandem ein Freund sein, heißt …	SS:	– helfen, wenn er in Not ist, – ehrlich seine Meinung sagen, – der Freund kann sich auf mich verlassen.

Die Bürgschaft

Friedrich von Schiller

Zu Dionys, dem Tyrannen, schlich
Damon, den Dolch im Gewande;
Ihn schlugen die Häscher in Bande.
„Was wolltest du mit dem Dolche, sprich!",
Entgegnet ihm finster der Wüterich.
„Die Stadt vom Tyrannen befreien!"
„Das sollst du am Kreuze bereuen!"

„Ich bin", spricht jener, „zu sterben bereit
Und bitte nicht um mein Leben;
Doch willst du Gnade mir geben.
Ich flehe dich um drei Tage Zeit,
Bis ich die Schwester dem Gatten gefreit;
Ich lasse den Freund dir als Bürgen –
Ihn magst du, entrinn ich, erwürgen."

Da lächelt der König mit arger List
Und spricht nach kurzem Bedenken:
„Drei Tage will ich dir schenken.
Doch wisse: wenn sie verstrichen, die Frist,
Eh du zurück mir gegeben bist,
So muss er statt deiner erblassen,
Doch dir ist die Strafe erlassen."

Und er kommt zum Freunde: „Der König gebeut,
Dass ich am Kreuz mit dem Leben
Bezahle das frevelnde Streben;
Doch will er mir gönnen drei Tage Zeit,
Bis ich die Schwester dem Gatten gefreit;
So bleib du dem König zum Pfande,
Bis ich komme zu lösen die Bande."

Und schweigend umarmt ihn der treue Freund
Und liefert sich aus dem Tyrannen,
Der andere ziehet von dannen.
Und ehe das dritte Morgenrot scheint,
Hat er schnell mit dem Gatten die Schwester vereint,
Eilt heim mit sorgender Seele,
Damit er die Frist nicht verfehle.

Da gießt unendlicher Regen herab,
Von den Bergen stürzen die Quellen
Und die Bäche, die Ströme schwellen.
Und er kommt ans Ufer mit wanderndem Stab –
Da reißet die Brücke der Strudel hinab
Und donnernd sprengen die Wogen
Des Gewölbes krachenden Bogen.

Und trostlos irrt er an Ufers Rand:
Wie weit er auch spähet und blicket
Und die Stimme, die rufende, schicket –
Da stößet kein Nachen vom sichern Strand,
Der ihn setzte an das gewünschte Land,
Kein Schiffer lenket die Fähre
Und der wilde Strom wird zum Meere.

Da sinkt er ans Ufer und weint und fleht,
Die Hände zum Zeus erhoben:
„O, hemme des Stromes Toben!
Es eilen die Stunden, im Mittag steht
Die Sonne, und wenn sie niedergeht
Und ich kann die Stadt nicht erreichen,
So muss der Freund mir erbleichen."

Doch wachsend erneut sich des Stromes Wut
Und Welle auf Welle zerrinnet
Und Stunde an Stunde entrinnet.
Da treibet die Angst ihn, da fasst er sich Mut
Und wirft sich hinein in die brausende Flut
Und teilt mit gewaltigen Armen
Den Strom und ein Gott hat Erbarmen.

Und gewinnt das Ufer und eilet fort
Und danket dem rettenden Gotte;
Da stürzet die raubende Rotte
Hervor aus des Waldes nächtlichem Ort,
Den Pfad ihm sperrend und schnaubet Mord
Und hemmet des Wanderers Eile
Mit drohend geschwungener Keule.

„Was wollt ihr?", ruft er vor Schrecken bleich,
„Ich habe nichts als mein Leben,
Das muss ich dem Königе geben!"
Und entreißt die Keule dem Nächsten gleich:
„Um des Freundes willen erbarmet euch!"
Und drei mit gewaltigen Streichen
Erlegt er, die andern entweichen.

Und die Sonne versendet glühenden Brand
Und von der unendlichen Mühe
Ermattet sinken die Kniee.
„O hast du mich gnädig aus Räubershand,
Aus dem Strom mich gerettet ans heilige Land
Und soll hier verschmachtend verderben
Und der Freund mir, der liebende, sterben?"

Und horch! Da sprudelt es silberhell
Ganz nahe wie rieselndes Rauschen
Und stille hält er zu lauschen;
Und sieh, aus dem Felsen, geschwätzig, schnell,
Springt murmelnd hervor ein lebendiger Quell,
Und freudig bückt er sich nieder
Und erfrischet die brennenden Glieder.

Und die Sonne blickt durch der Zweige Grün
Und malt auf den glänzenden Matten
Der Bäume gigantische Schatten;
Und zwei Wanderer sieht er die Straße ziehn,
Will eilenden Laufes vorüberfliehn,
Da hört er die Worte sie sagen:
„Jetzt wird er ans Kreuz geschlagen."

Und die Angst beflügelt den eilenden Fuß,
Ihn jagen der Sorge Qualen;
Da schimmern in Abendrots Strahlen
Von ferne die Zinnen von Syrakus
Und entgegen kommt ihm Philostratus,
Des Hauses redlicher Hüter,
Der erkennet entsetzt den Gebieter.

„Zurück! Du rettest den Freund nicht mehr,
So rette das eigene Leben!
Den Tod erleidet er eben.
Von Stunde zu Stunde gewartet er
Mit hoffender Seele der Wiederkehr,
Ihm konnte den mutigen Glauben
Der Hohn des Tyrannen nicht rauben."

„Und ist es zu spät und kann ich ihm nicht
Ein Retter willkommen erscheinen,
So soll mich der Tod ihm vereinen.
Des rühme der blutge Tyrann sich nicht,
Dass der Freund dem Freunde gebrochen die Pflicht –
Er schlachte der Opfer zweie
Und glaube an Liebe und Treue."

Und die Sonne geht unter, da steht er am Tor
Und sieht das Kreuz schon erhöhet,
Das die Menge gaffend umstehet;
An dem Seile schon zieht man den Freund empor,
Da zertrennt er gewaltig den dichten Chor:
„Mich, Henker!", ruft er, „erwürget!
Da bin ich, für den er gebürget!"

Und Erstaunen ergreifet das Volk umher,
In den Armen liegen sich beide
Und weinen vor Schmerzen und Freude.
Da sieht man kein Auge tränenleer
Und zum König bringt man die Wundermär;
Der fühlt ein menschliches Rühren,
Lässt schnell vor den Thron sie führen.

Und blicket sie lange verwundert an;
Drauf spricht er: „Es ist euch gelungen,
Ihr habt das Herz mir bezwungen,
Und die Treue, sie ist doch kein leerer Wahn –
So nehmet auch mich zum Genossen an.
Ich sei, gewährt mir die Bitte,
In eurem Bunde der Dritte."

Friedrich von Schiller *(1759–1805) zählt neben Johann Wolfgang von Goethe zu den größten deutschen Dichtern. Er gilt als Verkünder der Freiheit des Geistes, des Wahren und Guten, der Hoffnung, der Liebe, der Schönheit, der Freundschaft und der Erziehung der Menschen.*

Deutsch Literatur	Name: ____________	Klasse: ______	Datum: __________	Nr.: ___

Die Bürgschaft

Friedrich von Schiller

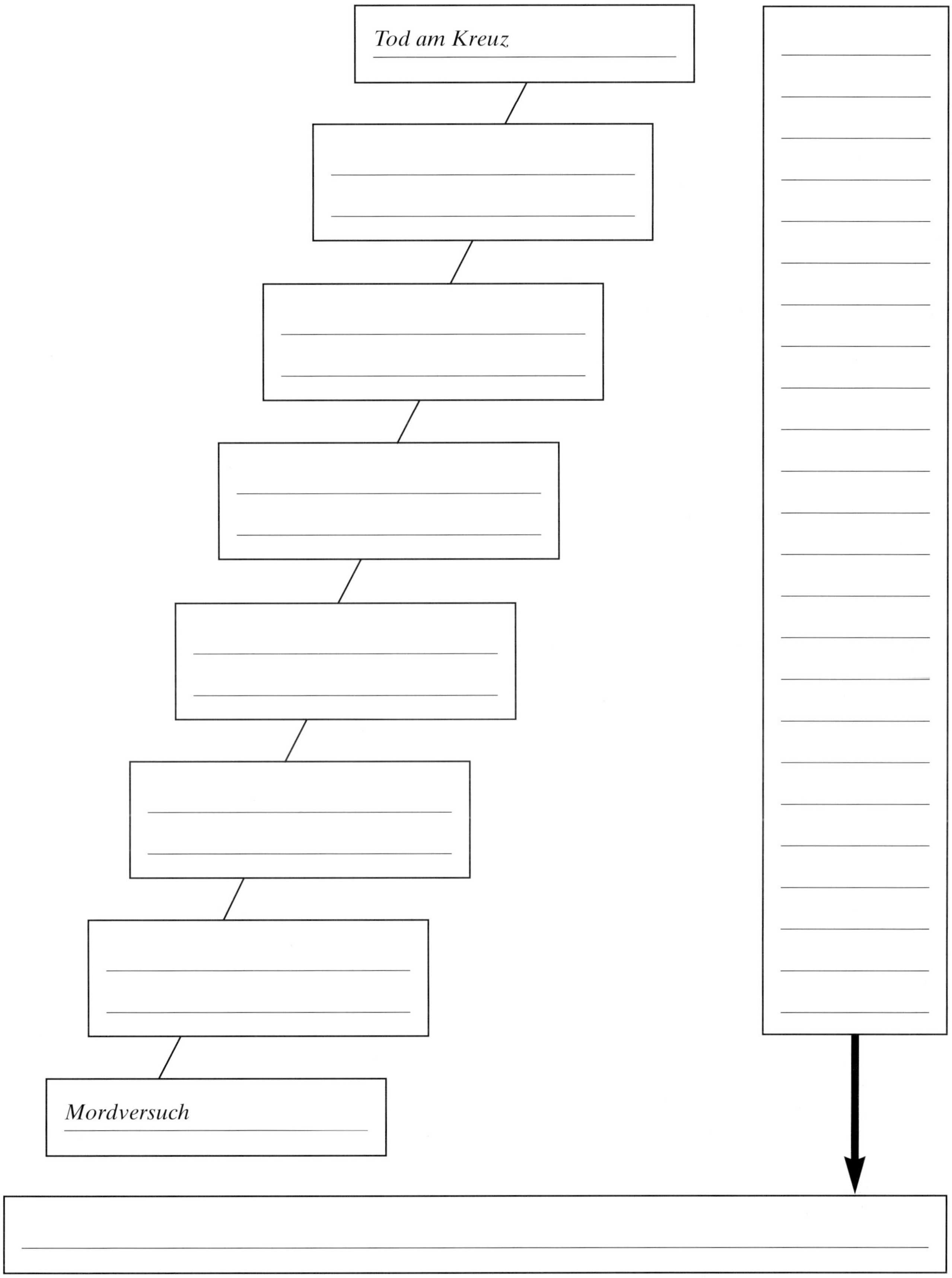

Deutsch Literatur	Name: ____________	Klasse: ______	Datum: ________	Nr.: __

Die Bürgschaft

Friedrich von Schiller

~~*Tod am Kreuz*~~

Er rettet seinen Freund.

Der Rat des Philostratus hält ihn nicht zurück.

Eine Quelle rettet ihn vor der Hitze.

Er schlägt die Räuber in die Flucht.

Er überwindet den reißenden Strom.

Freund bleibt als Bürge. – Heirat der Schwester.

Mordversuch

Der König erkennt den Wert einer wahren Freundschaft. Er gewährt den Freunden Gnade und bittet sie, ihn in diese Freundschaft mit aufzunehmen.

„Und die Treue, sie ist doch kein leerer Wahn –“

Thema	**Augen in der Großstadt** *Kurt Tucholsky*

Lernziele

Eine düstere Großstadtsituation nachempfinden.
Die besondere äußere Form des Gedichtes betrachten und Veränderungen feststellen.
Erkennen, dass das Gedicht abwechselnd im Paarreim und Kreuzreim geschrieben ist.
Das Gedicht mit verteilten Rollen klanggestaltend lesen.

Arbeitsmittel/Medien/Literaturhinweise

1 Textblatt, Folie 1 (Berlin), Folie 2 (Großstadtgedränge), 1 Arbeitsblatt

Tafelbild/Folie

Augen in der Großstadt

**1890 Kurt Tucholsky †1935*

Aufbau der einzelnen Strophen:

1. und 2. Strophe

Reim	Reimschema	Inhalt
Kreuzreim	a b a b	Mensch auf dem Weg
Paarreim	a a b b	Kurze Begegnung
Kreuzreim	a b a b	Eine Chance vertan, sie kehrt nicht wieder.

3. Strophe im 3. Teil länger

Aber: Es gibt auch Freunde in einer Großstadt.

I. Hinführung:	L: „Diese deutsche Stadt ist dir sicher bekannt.“
Folie 1 (Berlin)	SS: Berlin, Hauptstadt Deutschlands, ehemals geteilte Stadt, ca. 3,5 Mio. Einwohner.
Impuls	L: „Sicher kennst du noch weitere deutsche Großstädte.“
LSG/freie Aussprache	L: „Möchtest du in einer Großstadt wohnen? Würdest du lieber auf dem Land leben?“
	L: „Kurt Tucholsky hat sich in einem Gedicht mit dem Leben in der Großstadt auseinander gesetzt.“
Zielangabe	TA: **Augen in der Großstadt**
II. Textbegegnung und Texterarbeitung:	L trägt das Gedicht vor.
	SS: spontane Äußerungen zum Inhalt des Gedichts
Textblatt	L: „Lies das Gedicht! Welche Stimmung wird dir vermittelt?“
	SS: Das Gedicht gibt eine düstere, wehmütige Stimmung wieder.
Inhalt und *Gehalt* werden mit *Leitfragen gemeinsam erarbeitet:*	

1. Welches Thema wird von dem Dichter in allen 3 Strophen angesprochen?
2. Wie sind die einzelnen Strophen aufgebaut?
3. Welche Teile der Strophen werden jeweils geändert?
4. Welche Reimformen kannst du erkennen?
5. In welchen Strophen/Verszeilen kannst du eine positive Sichtweise des Lebens in der Großstadt erkennen? Wie könnte dies im täglichen Leben aussehen?

Folie 2 (Großstadtgedränge)	zu 1.: Das Leben in der Großstadt, viele fremde Menschen, man weiß nichts voneinander, Leben in der Anonymität, das Glück huscht vorbei.
TA	zu 2.: Jede Strophe besteht aus 3 Teilen: immer unterwegs – die kurze Begegnung – eine neue Chance vertan, sie kehrt nicht wieder.
	zu 3.: Der 1. und 2. Teil werden leicht verändert, im 3. Teil wiederholt sich ein Refrain.
Textblatt, Eintrag	zu 4.: Paarreim und Kreuzreim
TA	zu 5.: Positive Sichtweise im 2. Teil der 2. und 3. Strophe. Es werden dennoch Freunde gefunden, wenn auch der „Pulsschlag“ der Großstadt die neuen Freunde wieder auseinander treibt.
III. Vertiefung:	SS: Gedichtvortrag, 3 Sprecher wie Stropheneinteilung, sinn- und klanggestaltende Wiedergabe
IV. Sicherung:	SS: Eintrag in das Arbeitsblatt
AB	L informiert über Kurt Tucholsky.

Augen in der Großstadt

Kurt Tucholsky

Wenn du zur Arbeit gehst
Am frühen Morgen,
Wenn du am Bahnhof stehst
Mit deinen Sorgen:
Da zeigt die Stadt
Dir asphaltglatt
Im Menschentrichter
Millionen Gesichter:
Zwei fremde Augen, ein kurzer Blick,
Die Braue, Pupillen, die Lider –
Was war das? vielleicht dein Lebensglück …
Vorbei, verweht, nie wieder.

Du gehst dein Leben lang
Auf tausend Straßen;
Du siehst auf deinem Gang,
Die dich vergaßen.
Ein Auge winkt,
die Seele klingt;
Du hast's gefunden;
Nur für Sekunden …
Zwei fremde Augen, ein kurzer Blick,
Die Braue, Pupillen, die Lider;
Was war das? kein Mensch dreht die Zeit zurück …
Vorbei, verweht, nie wieder.

Du musst auf deinem Gang
Durch Städte wandern;
Siehst einen Pulsschlag lang
Den fremden Andern.
Es kann ein Feind sein,
Es kann ein Freund sein,
Es kann im Kampfe dein
Genosse sein.
Es sieht hinüber
Und zieht vorüber …
Zwei fremde Augen, ein kurzer Blick,
Die Braue, Pupillen, die Lider.
Was war das?
Von der großen Menschheit ein Stück!
Vorbei, verweht, nie wieder.

Folie 1

Folie 2

Deutsch **Literatur**	Name: ______	Klasse: ____	Datum: ______	Nr.: __

Die Kaiser-Wilhelm-Gedächtniskirche

Augen in der Großstadt

Kurt Tucholsky

Der deutsche Schriftsteller Kurt Tucholsky wurde 1890 in Berlin geboren. Nach dem Studium der Rechtswissenschaft nahm er als Soldat am Ersten Weltkrieg teil. Seine Kriegserfahrungen führten zu einer ausgesprochen demokratischen Haltung: Er wollte die Weimarer Republik. Aus Verzweiflung über die politische Entwicklung in Deutschland zum Nationalsozialismus nahm der schwer kranke Schriftsteller Gift und setzte 1935 seinem Leben ein Ende.

Thematik des Gedichts:

____

____

Aufbau der einzelnen Strophen:

4 Verszeilen } ____________

4 Verszeilen } ____________

4 Verszeilen (3. Str.: 7 Versz.) } ____________ ____________

} ____________ ____________ ____________ ____________

Im 3. Teil der Strophen wird ein Refrain wiederholt:

____

____

____

In einigen Verszeilen deutet der Dichter auch eine positive Sichtweise an:

____

____

Deutsch Literatur	Name: ____________	Klasse: _____	Datum: __________	Nr.: __

Die Kaiser-Wilhelm-Gedächtniskirche

Augen in der Großstadt

Kurt Tucholsky

Der deutsche Schriftsteller Kurt Tucholsky wurde 1890 in Berlin geboren. Nach dem Studium der Rechtswissenschaft nahm er als Soldat am Ersten Weltkrieg teil. Seine Kriegserfahrungen führten zu einer ausgesprochen demokratischen Haltung: Er wollte die Weimarer Republik. Aus Verzweiflung über die politische Entwicklung in Deutschland zum Nationalsozialismus nahm der schwer kranke Schriftsteller Gift und setzte 1935 seinem Leben ein Ende.

Thematik des Gedichts:

Das Leben in der Großstadt, viele fremde Menschen, man weiß nichts voneinander,

Leben in der Anonymität, das Glück huscht vorbei, . . .

Aufbau der einzelnen Strophen:

Aufbau	Inhalt	
4 Verszeilen	*Mensch auf dem Weg*	*Der 1. und 2. Teil der Strophe werden leicht verändert.*
4 Verszeilen	*Kurze Begegnung*	
4 Verszeilen (3. Str.: 7 Versz.)	*Eine Chance vertan, sie kehrt nicht wieder.*	

Im 3. Teil der Strophen wird ein Refrain wiederholt:

„Zwei fremde Augen, ein kurzer Blick,

Die Braue, Pupillen, die Lider.

Was war das?“

In einigen Verszeilen deutet der Dichter auch eine positive Sichtweise an:

Ein Auge winkt, die Seele klingt, es kann ein Freund sein.

Es können auch in der Großstadt Freunde gefunden werden.

Thema

Skelett einer menschlichen Siedlung

Heinrich Böll

Lernziele

Erkennen des Kerngedankens der Vergänglichkeit.
Wecken des Interesses für anspruchsvolle Literatur.
Wichtige Stellen aus dem Text herausarbeiten und deuten können.

Arbeitsmittel/Medien/Literaturhinweise

3 Textblätter, Folie 1 (Bild: verlassenes Dorf), 1 Arbeitsblatt

Tafelbild/Folie

Skelett einer menschlichen Siedlung

Vergleich

Irisches Dorf:		Skelett:
Hauptstraße	→	Rückgrat
Nebenstraßen	→	Arme und Beine
Kirche	→	das Haupt
Straße hinauf	→	linkes Bein
Straße ins Tal	→	rechtes Bein

Symbole:

- graue Steinmassen, dunkle Fensterhöhlen, nichts Farbiges
- grau, graugrünlich
- Gebeine, Reliquien
- kahle Giebel

I. Hinführung:

Impuls	TA:	Bild: verlassenes Dorf
	SÄ:	„... keine Arbeit ... Leute wandern aus ...“
	L	informiert über Dörfer in Irland.
Zielangabe	TA:	**Skelett einer menschlichen Siedlung**

II. Sprachbegegnung:

	L	trägt Text vor.
	SS	äußern sich spontan zu Titel und Inhalt.

III. Erarbeitung:

1. Teilziel: Die Vergleiche Impuls	L:	„Heinrich Böll bringt einen Vergleich, der sich durch die ganze Geschichte zieht.“
	TA:	Das Skelett
Arbeit am Text	SS	finden die Vergleiche.
	TA:	Gegenüberstellung (Dorf – Skelett)
Erkenntnis	SS:	Der Dichter will mit den Vergleichen die unheimliche Atmosphäre beschreiben.
2. Teilziel: Die Symbole Impuls	L:	„Um die Atmosphäre zu beschreiben, verwendet der Dichter auch Symbole.“
	SS	finden Beispiele.
Begriffsklärung „Symbol“	TA:	Symbole
3. Teilziel: Kennzeichnung der Atmosphäre Impuls	L:	„Der Dichter lässt durch die Vergleiche und Symbole das Dorf in einem ganz bestimmten Licht erscheinen.“
Erkenntnis	TA:	einsam, düster, verlassen
4. Teilziel: Charakterisierung der Dorfbewohner Impuls	L:	„Die Menschen, die dort leben, werden ganz anders geschildert.“
Arbeit am Text – Erkenntnis	TA:	friedfertig, tolerant, zärtlich, voller Witz, fleißig, sauber ...

IV. Wertung:

Impuls	L:	„Der Dichter will uns mit seiner Geschichte über das verlassene Dorf etwas mitteilen.“
Erkenntnis	SS:	Vergänglichkeit alles Zeitlichen, aber aus dem Toten geht wieder Leben hervor. Vergleich mit dem Leben des Menschen.

V. Sicherung:

	SS:	Eintrag der TA ins AB

Skelett einer menschlichen Siedlung

Heinrich Böll

Plötzlich, als wir die Höhe des Berges erreicht hatten, sahen wir das Skelett des verlassenen Dorfes am nächsten Hang liegen. Niemand hatte uns davon erzählt, niemand uns gewarnt; es gibt so viele verlassene Dörfer in Irland. Die Kirche, den kürzesten Weg zum Strand hatte man uns gezeigt und den Laden, in dem es Tee, Brot, Butter und Zigaretten gibt, auch die Zeitungsagentur, die Post und den kleinen Hafen, in dem die harpunierten Haie bei Ebbe im Schlamm liegen wie gekenterte Boote, mit dem dunklen Rücken nach oben, wenn nicht zufällig die letzte Flutwelle ihren weißen Bauch, aus dem die Leber herausgeschnitten worden war, nach oben kehrte – das schien der Erwähnung wert, aber nicht das verlassene Dorf: graue gleichförmige Steingiebel, die wir zunächst ohne perspektivische Tiefe sahen, wie dilettantisch aufgestellte Kulissen für einen Gespensterfilm: Mit stockendem Atem versuchten wir sie zu zählen, gaben es bei vierzig auf und hundert waren es sicher. Die nächste Kurve des Weges brachte uns in andere Distanz und nun sahen wir sie von der Seite: Rohbauten, die auf den Zimmermann zu warten schienen: graue Steinmauern, dunkle Fensterhöhlen, kein Stück Holz, kein Fetzen Stoff, nichts Farbiges, wie ein Körper ohne Haare, ohne Augen, ohne Fleisch und Blut: das Skelett eines Dorfes, grausam deutlich in seiner Struktur: dort die Hauptstraße; an der Biegung, wo der kleine runde Platz ist, muss eine Kneipe gewesen sein. Eine Nebengasse, noch eine. Alles, was nicht Stein war, weggenagt von Regen, Sonne und Wind – und von der Zeit, die geduldig über alles hinträufelt: vierundzwanzig große Tropfen Zeit pro Tag: die Säure, die so unmerklich alles zerfrisst wie Resignation.

Würde jemand das zu malen versuchen, dieses Gebein einer menschlichen Siedlung, in der vor hundert Jahren fünfhundert Menschen gewohnt haben mögen; lauter graue Drei- und Vierecke am grünlichgrauen Berghang; würde er noch das Mädchen mit dem roten Pullover hinzunehmen, das gerade mit einer Kiepe voll Torf durch die Hauptstraße geht; einen Tupfer Rot für ihren Pullover und einen dunklen Brauns für den Torf, einen helleren Brauns für das Gesicht des Mädchens; und noch die weißen Schafe hinzu, die wie Läuse zwischen den Ruinen hocken; man würde ihn für einen ganz außerordentlich verrückten Maler halten: so abstrakt ist also die Wirklichkeit. Alles, was nicht Stein war, weggefressen von Wind, Sonne, Regen und Zeit, schön ausgebreitet am düsteren Hang wie zur Anatomiestunde das Skelett eines Dorfes: dort – „sieh doch, genau wie ein Rückgrat" – die Hauptstraße, ein wenig verkrümmt wie das Rückgrat eines schwer Arbeitenden; kein Knöchelchen fehlt; Arme sind da und die Beine: die Nebenstraßen und, ein wenig zur Seite gerollt, das Haupt, die Kirche, ein etwas größeres graues Dreieck. Linkes Bein: die Straße, die ostwärts den Hang hinauf, rechtes: die andere, die ins Tal führte; diese ein wenig verkürzt. Das Skelett eines leicht humpelnden Wesens. So könnte, wenn er in dreihundert Jahren als Skelett freigelegt würde, der Mann aussehen, den seine vier mageren Kühe an uns vorbei auf die Weide treiben, ihm die Illusion lassend, dass er sie treibe; sein rechtes Bein ist durch einen Unfall verkürzt, krumm ist sein Rücken von der Mühsal des Torfstechens und auch sein müdes Haupt wird ein wenig zur Seite rollen, wenn man ihn in die Erde senkt. Er hat uns schon überholt, schon sein „nice day" gemurmelt, bevor wir Atem genug gefunden hatten ihm zu antworten oder ihn nach diesem Dorf zu fragen.

So sah keine zerbombte Stadt, kein mit Artillerie beschossenes Dorf aus; Bomben und Granaten sind ja nur verlängerte Tomahawks, Schlachtbeile, Schlachtenhämmer, mit denen man zerbricht, zerhackt, hier aber ist keine Spur von Gewalt zu sehen: Zeit und Elemente haben alles in unendlicher Geduld weggefressen, was nicht Stein war, und aus der Erde wachsen Polster, auf denen diese Gebeine wie Reliquien ruhen: Moos und Gras.

Niemand würde hier eine Mauer umzustürzen versuchen oder einem verlassenen Haus Holz (das hier sehr kostbar ist) entnehmen (bei uns nennt man das ausschlachten; hier schlachtet niemand aus); und nicht einmal die Kinder, die abends das Vieh von den Weiden oberhalb des verlassenen Dorfes heimtreiben, nicht einmal die Kinder versuchen Mauern oder Hauseingänge einzustürzen; unsere Kinder, als wir plötzlich mitten im Dorf waren, versuchten es gleich: dem Erdboden gleichmachen. Hier machte niemand etwas dem Erdboden gleich und man lässt die weicheren Teile verlassener Wohnstätten dem Wind, dem Regen, der Sonne und der Zeit zur Nahrung und nach sechzig, siebzig oder hundert Jahren blieben dann wieder Rohbauten übrig, auf die niemals wieder ein Zimmermann seinen Kranz zum Richtfest stecken wird: so sieht also eine menschliche Siedlung aus, die man nach dem Tode in Frieden gelassen hat.

Immer noch beklommen, gingen wir zwischen den kahlen Giebeln über die Hauptstraße, drangen in Nebengassen ein und langsam wich die Beklommenheit: Gras wuchs auf den Straßen, Moos hatte sich über Mauern und Kartoffeläcker gezogen, kroch an den Häusern hoch und die Steine der Giebel, von Mörtel freigewaschen, waren weder Bruch- noch Ziegelsteine, sondern Geröllbrocken, so wie der Berg sie in seinen Bächen zu Tal gerollt hatte, Felsplatten, die Stürze über Türen und Fenstern, breit wie Schulterknochen die beiden Steinplatten, die aus der Wand herausragten, dort, wo der Kamin gewesen war: An ihnen hatte einmal die Kette für den eisernen Kochtopf gehangen: Blasse Kartoffeln wurden in bräunlichem Wasser gar.

Wir gingen von Haus zu Haus wie Hausierer und immer wieder fiel, wenn der kurze Schatten an der Schwelle über uns hinweggestürzt war, immer wieder fiel das blaue Viereck des Himmels über uns; größer war's bei den Häusern, in denen einmal Wohlhabendere gewohnt hatten, kleiner bei den Armen: Nur die Größe des blauen Himmelsvierecks unterschied sie hier noch einmal voneinander. In manchen Stuben wuchs schon das Moor, manche Schwellen waren schon von bräunlichem Wasser verdeckt; in den Stirnwänden waren hier und da noch die Pflöcke fürs Vieh zu sehen; Schenkelknochen von Ochsen, an denen die Kette befestigt gewesen war.

„Hier stand der Herd" – „Dort das Bett" – „Hier über dem Kamin hing das Kruzifix" – „Da ein Wandschrank": zwei aufrechte und in diese eingekeilt zwei waagerechte Steinplatten, und in diesem Wandschrank entdeckte eins der Kinder den Eisenkeil, der, als wir ihn herauszogen, wie Zunder in der Hand zerbröckelte: Es blieb ein härterer Kernstab von der Dicke eines Nagels übrig, den ich – auf Weisung der Kinder – als Andenken in die Manteltasche steckte.

Wir verbrachten fünf Stunden in diesem Dorf und die Zeit verging schnell, weil nichts geschah: Nur ein paar Vögel scheuchten wir hoch, ein Schaf floh vor uns durch eine leere Fensterhöhle den Hang hinauf; in verknöcherten Fuchsienhecken hingen blutige Blüten, an verblühten Ginsterbüschen hing ein Gelb wie von schmutzigen Groschen, blanker Quarz wuchs wie Gebein aus dem Moos heraus; kein Schmutz auf den Straßen, kein Unrat in den Bächen und kein Laut zu hören. Vielleicht warteten wir nur auf das Mädchen mit dem roten Pullover und der Kiepe voll braunen Torfs, aber das Mädchen kam nicht wieder.

Als ich auf dem Heimweg in die Tasche griff, um nach dem Eisendeckel zu sehen, hatte ich nur braunen, rötlich durchmischten Staub in der Hand: Er hatte dieselbe Farbe wie das Moor rechts und links von unserem Weg und ich warf ihn dazu. Niemand wusste genau zu berichten, wann und warum das Dorf verlassen worden war: Es gibt so viele verlassene Häuser in Irland, auf einem beliebigen zweistündigen Spaziergang kann man sie aufzählen: Das wurde vor zehn, dieses vor zwanzig, das vor fünfzig oder achtzig Jahren verlassen und es gibt Häuser, an denen die Nägel, mit denen man die Bretter vor Fenster und Türen genagelt hat, noch nicht durchgerostet sind, Regen und Wind noch nicht eindringen können. Die alte Frau, die im Hause neben uns wohnte, wusste uns nicht zu sagen, wann das Dorf verlassen worden war: Als sie ein kleines Mädchen war, um 1880, war es schon verlassen. Von ihren sechs Kindern sind nur zwei in Irland geblieben: Zwei wohnen und arbeiten in Manchester, zwei in den Vereinigten Staaten, eine Tochter ist hier im Dorf verheiratet (sechs Kinder hat diese Tochter, von denen wohl wieder zwei nach England, zwei nach den USA gehen werden) und der älteste Sohn ist bei ihr geblieben: Von weitem, wenn er mit dem Vieh von der Weide kommt, sieht er wie ein Sechzehnjähriger aus, wenn er dann um die Hausecke herum in die Dorfstraße einbiegt, meint man, er müsse wohl um die Mitte der Dreißig sein, und wenn er dann am Haus vorbeikommt und scheu ins Fenster hereingrinst, dann sieht man, dass er fünfzig ist.

„Er will nicht heiraten", sagte seine Mutter, „ist es nicht eine Schande?"

Ja, es ist eine Schande. Er ist so fleißig und sauber, rot hat er das Tor angemalt, rot auch die steinernen Knöpfe auf der Mauer und ganz blau die Fensterrahmen unter dem grünen Moosdach, Witz wohnte in seinen Augen und zärtlich klopfte er seinem Esel auf den Rücken.

Abends, als wir die Milch holen, fragen wir ihn nach dem verlassenen Dorf. Aber er weiß nichts davon zu erzählen, nichts; er hat es noch nie betreten: Sie haben keine Weiden dort und ihre Torfgruben liegen auch in einer anderen Richtung, südlich, nicht weit entfernt von dem Denkmal des irischen Patrioten, der im Jahre 1799 gehenkt wurde. – „Haben Sie es schon gesehen?"

Ja, wir haben es gesehen – und Tony geht wieder davon, als Fünfzigjähriger, verwandelt sich an der Ecke in einen Dreißigjährigen, wird oben am Hang, wo er im Vorbeigehen den Esel krault, zum Sechzehnjährigen, und als er oben für einen Augenblick an der Fuchsienhecke stehen bleibt, für diesen Augenblick, bevor er hinter der Hecke verschwindet, sieht er aus wie der Junge, der er einmal gewesen ist.

Heinrich Böll wurde am 21.12.1917 in Köln geboren und starb am 16.7.1985 in Langenbroich.

Der deutsche Alltag der Kriegs- und Nachkriegszeit ist das Thema des erfolgreichen Schriftstellers. Mit seinen Romanen, Erzählungen und Hörspielen machte er sich im In- und Ausland einen Namen. Bölls Position ist engagiert: Er prangert Missstände an, attackiert Spießertum und Selbstgefälligkeit, erweist sich als zutiefst unzufrieden mit der bundesrepublikanischen Wirklichkeit. Doch bei aller bitteren Schärfe ist sein Werk nicht frei von Sentimentalität und dem Chaos gewinnt Böll noch tröstliche Aspekte ab.

Schon bald nach dem Abitur musste er zum Militär, dann in den Krieg. 1945 kehrte er aus der Gefangenschaft nach Köln zurück. Er studierte Germanistik, arbeitete nebenbei in der Schreinerei seines Bruders und begann intensiv zu schreiben. Ab 1947 erschienen in Zeitschriften seine ersten Erzählungen. 1949 veröffentlichte er den Roman „Der Zug war pünktlich", der ebenso wie „Wo warst du, Adam?" (1951) das Erlebnis des Krieges behandelte. Im Mittelpunkt der beiden folgenden Romane – „Und sagte kein einziges Wort" (1953) und „Haus ohne Hüter" (1954) – stand das durch unzulängliche Lebensbedingungen gefährdete Familienleben. 1959 legte Böll, dessen Erzähltechnik bis dahin recht konventionell war, mit „Billard um halb zehn" einen kunstvoll komponierten Roman vor, in dem er das Schicksal der letzten drei Generationen in Deutschland interpretierte. Heftige Diskussionen lösten die „Ansichten eines Clowns" (1963) aus, die ein starker antiklerikaler Aspekt beherrschte. Als er 1972 für mehr demokratischen Mut und Sachlichkeit in der Auseinandersetzung mit dem Terrorismus aufrief, wurde er von konservativen Kreisen heftig angegriffen und der „geistigen Mittäterschaft" bezichtigt. Im selben Jahr erhielt er den Nobelpreis für Literatur. Wichtige Schriften dieser Zeit sind „Die verlorene Ehre der Katharina Blum" und „Berichte zur Gesinnungslage der Nation".

Folie 1

Deutsch Literatur	Name: ______________	Klasse: ____	Datum: ________	Nr.: __

Skelett einer menschlichen Siedlung

Heinrich Böll

Vergleich

Irisches Dorf:		Menschliches Skelett:
______________	→	______________
______________	→	______________
______________	→	______________
______________	→	______________
______________	→	______________
______________	→	______________
______________		______________
______________		______________
______________		______________

Symbole:

____
____
____
____
____
____

Der Dichter will mit den Symbolen und Vergleichen die Atmosphäre beschreiben:

____
____
____

Nicht nur die Siedlung selbst unterscheidet sich von uns bekannten Dörfern, auch die Menschen sind anders:

____
____

Deutsch Literatur	Name: ______	Klasse: ______	Datum: ______	Nr.: ___

Skelett einer menschlichen Siedlung

Heinrich Böll

Vergleich

Irisches Dorf:		Menschliches Skelett:
Hauptstraße	→	*Rückgrat*
Nebenstraßen	→	*Arme und Beine*
Kirche	→	*das Haupt*
Straße hinauf	→	*linkes Bein*
Straße ins Tal	→	*rechtes Bein*
gesamtes Dorf	→	*Körper ohne Haare,*
		ohne Augen,
		ohne Fleisch und Blut

Symbole:

graue Steinmassen, dunkle
Fensterhöhlen, nichts Farbiges,
grau, graugrünlich, Gebeine,
Reliquien, kahle Giebel,
bräunliches Wasser,
Nagel zerbröckelt . . .

Der Dichter will mit den Symbolen und Vergleichen die Atmosphäre beschreiben:

- *einsam,*
- *düster,*
- *verlassen.*

Nicht nur die Siedlung selbst unterscheidet sich von uns bekannten Dörfern, auch die Menschen sind anders:

Die Menschen sind friedfertig, tolerant, zärtlich, voller Witz, fleißig und sauber.

Thema

Das Brot

Wolfgang Borchert

Lernziele

Kennenlernen einer Kurzgeschichte der Nachkriegszeit.
Charakterisieren der Hauptpersonen.
Erfassen des Hauptmotives und des Leitsatzes.
Feststellen der wichtigsten Merkmale einer Kurzgeschichte.

Arbeitsmittel/Medien/Literaturhinweise

Folie 1 (Zusammenstellung von Grundnahrungsmitteln), 2 Textblätter, 1 Arbeitsblatt, Wortkarten (alter Mann, alte Frau, Brot, Hunger)

Tafelbild/Folie 1

Streik gegen Hunger

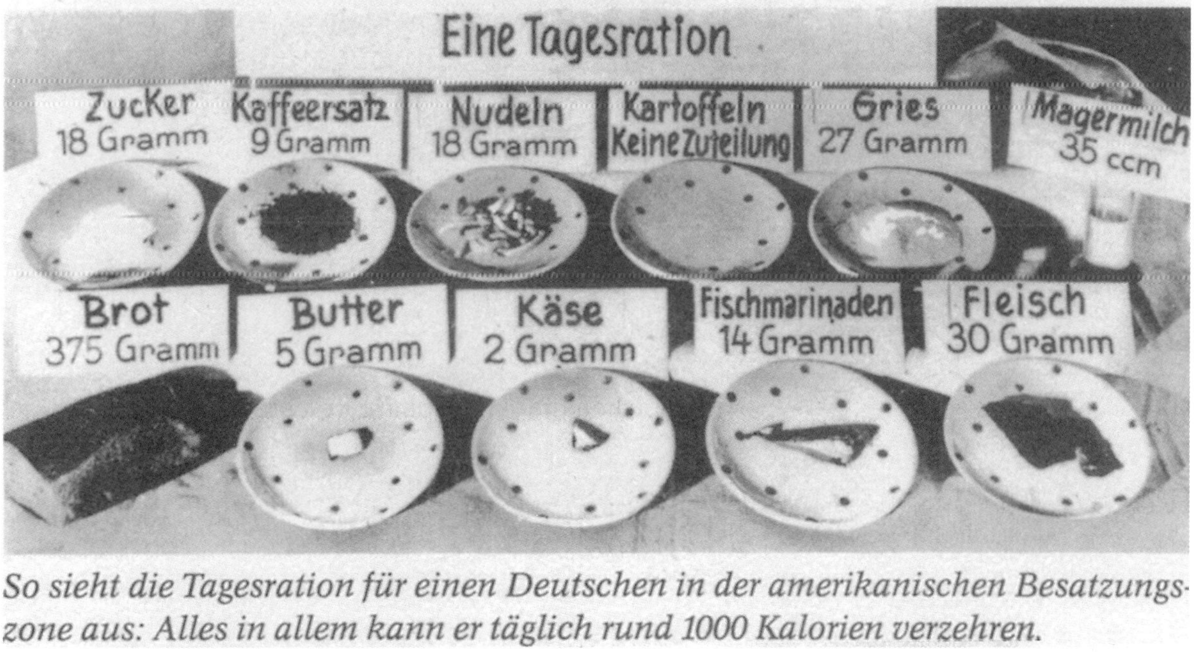

So sieht die Tagesration für einen Deutschen in der amerikanischen Besatzungszone aus: Alles in allem kann er täglich rund 1000 Kalorien verzehren.

I. Hinführung:

Impuls/Folie 1	OHP:	Tagesration eines Deutschen in der amerikanischen Besatzungszone
	SÄ:	„… Armut, Not, Hunger …“
Impuls	L:	„*Ein* Lebensmittel gewinnt große Bedeutung.“
Zielangabe	TA:	**Das Brot**

II. Textbegegnung:

	L	trägt die Kurzgeschichte vor.
	SS	lesen mit.

III. Erarbeitung:

1. Teilziel: Inhalt der Kurzgeschichte Impuls	L:	„Der Inhalt der Geschichte ist schnell erzählt.“
	SS	geben Inhalt wieder.
Wortkarten	TA:	alter Mann, alte Frau, Brot, Hunger
2. Teilziel: Die Hauptaussage der Kurzgeschichte Impuls	L:	„Die Geschichte enthält einen Schlüsselsatz.“
	SS	„… Sie sah ihn nicht an, weil sie nicht ertragen konnte, dass er log.“
Aussprache	SÄ:	„… Vertrauensbruch, Hunger, Lüge …“
3. Teilziel: Charakteristik der beiden alten Leute Arbeitsauftrag	L:	„Versuche die beiden alten Menschen zu charakterisieren.“
	GA:	arbeitsgleich, auf den Notizblock
Ergebnis	L:	*Mann ist* – unsicher, – beschämt, – unehrlich. *Frau ist* – gütig, – nachsichtig, – verständnisvoll.
Erkenntnis	SS:	Not, Hunger und Leid verändern den Charakter des Menschen ⟶ Vertrauenskrise.

IV. Besinnung:

Impuls	L:	„Es sind sicher noch andere Situationen denkbar, die den Menschen innerlich verändern.“
	SÄ:	„… Krieg, Verlust eines Menschen …“

V. Weiterarbeit:

Wesen der Kurzgeschichte	L	erklärt Wesen der Kurzgeschichte.
	TA:	W. Borchert u. sein Werk

VI. Sicherung:

	SS:	Eintrag der TA ins AB

Das Brot

Wolfgang Borchert

Plötzlich wachte sie auf. Es war halb drei. Sie überlegte, warum sie aufgewacht war. Ach so! In der Küche hatte jemand gegen einen Stuhl gestoßen. Sie horchte nach der Küche. Es war still. Es war zu still, und als sie mit der Hand über das Bett neben sich fuhr, fand sie es leer. Das war es, was es so besonders still gemacht hatte: Sein Atem fehlte. Sie stand auf und tappte durch die dunkle Wohnung zur Küche. In der Küche trafen sie sich. Die Uhr war halb drei. Sie sah etwas Weißes am Küchenschrank stehen. Sie machte Licht. Sie standen sich im Hemd gegenüber. Nachts. Um halb drei. In der Küche.

Auf dem Küchentisch stand der Brotteller. Sie sah, dass er sich Brot abgeschnitten hatte. Das Messer lag noch neben dem Teller. Und auf der Decke lagen Brotkrümel. Wenn sie abends zu Bett gingen, machte sie immer das Tischtuch sauber. Jeden Abend. Aber nun lagen Krümel auf dem Tuch. Und das Messer lag da. Sie fühlte, wie die Kälte der Fliesen langsam an ihr hochkroch. Und sie sah von dem Teller weg. „Ich dachte, hier wär was", sagte er und sah in der Küche umher.

„Ich habe auch was gehört", antwortete sie und dabei fand sie, dass er nachts im Hemd doch schon recht alt aussah. So alt wie er war. Dreiundsechzig. Tagsüber sah er manchmal jünger aus. Sie sieht doch schon alt aus, dachte er, im Hemd sieht sie doch ziemlich alt aus. Aber das liegt vielleicht an den Haaren. Bei den Frauen liegt das nachts immer an den Haaren. Die machen dann auf einmal so alt. „Du hättest Schuhe anziehen sollen. So barfuß auf den kalten Fliesen. Du erkältest dich noch."

Sie sah ihn nicht an, weil sie nicht ertragen konnte, dass er log. Dass er log, nachdem sie neununddreißig Jahre verheiratet waren.

„Ich dachte, hier wäre was", sagte er noch einmal und sah wieder so sinnlos von einer Ecke in die andere, „ich hörte hier was. Da dachte ich, hier wäre was."

„Ich habe auch was gehört. Aber es war wohl nichts." Sie stellte den Teller vom Tisch und schnippte die Krümel von der Decke.

„Nein, es war wohl nichts", echote er unsicher.

Sie kam ihm zu Hilfe: „Komm man. Das war wohl draußen. Komm man zu Bett. Du erkältest dich noch. Auf den kalten Fliesen."

Er sah zum Fenster hin. „Ja, das muss wohl draußen gewesen sein. Ich dachte, es wäre hier."

Sie hob die Hand zum Lichtschalter. Ich muss jetzt das Licht ausmachen, sonst muss ich nach dem Teller sehen, dachte sie. Ich darf doch nicht nach dem Teller sehen.

„Komm man", sagte sie und machte das Licht aus, „das war wohl draußen. Die Dachrinne schlägt immer bei Wind gegen die Wand. Es war sicher die Dachrinne. Bei Wind klappert sie immer."

Sie tappten sich beide über den dunklen Korridor zum Schlafzimmer. Ihre nackten Füße platschten auf den Fußboden.

„Wind ist ja", meinte er. „Wind war schon die ganze Nacht."

Als sie im Bett lagen, sagte sie: „Ja, Wind war schon die ganze Nacht. Es war wohl die Dachrinne."

„Ja, ich dachte, es wäre in der Küche. Es war wohl die Dachrinne." Er sagte das, als ob er schon halb im Schlaf wäre.

Aber sie merkte, wie unecht seine Stimme klang, wenn er log.

„Es ist kalt", sagte sie und gähnte leise, „ich krieche unter die Decke. Gute Nacht."

„Nacht", antwortete er und noch, „ja, kalt ist es schon ganz schön."

Dann war es still. Nach vielen Minuten hörte sie, dass er leise und vorsichtig kaute. Sie atmete absichtlich tief und gleichmäßig, damit er nicht merken sollte, dass sie noch wach war. Aber sein Kauen war so regelmäßig, dass sie davon langsam einschlief.

Als er am nächsten Abend nach Hause kam, schob sie ihm vier Scheiben Brot hin. Sonst hatte er immer nur drei essen können.

„Du kannst ruhig vier essen“, sagte sie und ging von der Lampe weg. „Ich kann dieses Brot nicht so recht vertragen. Iss du man eine mehr. Ich vertrag es nicht so gut.“

Sie sah, wie er sich tief über den Teller beugte. Er sah nicht auf. In diesem Augenblick tat er ihr Leid.

„Du kannst doch nicht nur zwei Scheiben essen“, sagte er auf seinen Teller. „Doch. Abends vertrag ich das Brot nicht gut. Iss man. Iss man.“

Erst nach einer Weile setzte sie sich unter die Lampe an den Tisch.

Deutsch Literatur	Name:	Klasse:	Datum:	Nr.:

Das Brot

Wolfgang Borchert

Wolfgang Borchert wurde am 20. Mai 1921 in Hamburg geboren. Er war der Sohn eines Lehrers und einer Heimatdichterin. Seit seinem 15. Lebensjahr schrieb Borchert Gedichte, gab sich als exzentrischer Bohemien und handelte sich damit manchen Ärger im Nazi-Deutschland ein. Nach einem kurzen Zwischenspiel als Schauspieler musste Borchert einrücken und kam an die Ostfront. Er geriet in Konflikt mit der „Felddienstordnung": lange Monate im Gefängnis, glimpflich ausgehende Hochverratsprozesse und „Frontbewährung" in Russland und immer wieder Lazarettaufenthalte. Am Ende des Krieges war Borchert ein kranker Mann.

Über diese schwere Zeit half Borchert das Schreiben. Er verfasste weiter Gedichte, schrieb Geschichten, Theaterstücke – das meiste davon ging verloren.
Im Januar 1946 entstand die erste von Borcherts berühmten Kurzgeschichten: „Die Hundeblume". Borcherts Werk, in knapp zwei Jahren auf dem Krankenlager entstanden, spiegelt eine zerbrochene Weltsicht, eine Zeit, deren materielle und geistige Werte in Trümmer lagen. Einen Tag vor der Uraufführung seines Bühnenstücks „Draußen vor der Tür", am 20. November 1947, starb Wolfgang Borchert im Alter von 26 Jahren.

Alter Mann

Alte Frau

Eigenschaften:

Eigenschaften:

?

Deutsch Literatur	Name: ______	Klasse: ______	Datum: ______	Nr.: ___

Das Brot

Wolfgang Borchert

Wolfgang Borchert wurde am 20. Mai 1921 in Hamburg geboren. Er war der Sohn eines Lehrers und einer Heimatdichterin. Seit seinem 15. Lebensjahr schrieb Borchert Gedichte, gab sich als exzentrischer Bohemien und handelte sich damit manchen Ärger im Nazi-Deutschland ein. Nach einem kurzen Zwischenspiel als Schauspieler musste Borchert einrücken und kam an die Ostfront. Er geriet in Konflikt mit der „Felddienstordnung“: lange Monate im Gefängnis, glimpflich ausgehende Hochverratsprozesse und „Frontbewährung“ in Russland und immer wieder Lazarettaufenthalte. Am Ende des Krieges war Borchert ein kranker Mann.

Über diese schwere Zeit half Borchert das Schreiben. Er verfasste weiter Gedichte, schrieb Geschichten, Theaterstücke – das meiste davon ging verloren.
Im Januar 1946 entstand die erste von Borcherts berühmten Kurzgeschichten: „Die Hundeblume“. Borcherts Werk, in knapp zwei Jahren auf dem Krankenlager entstanden, spiegelt eine zerbrochene Weltsicht, eine Zeit, deren materielle und geistige Werte in Trümmer lagen. Einen Tag vor der Uraufführung seines Bühnenstücks „Draußen vor der Tür“, am 20. November 1947, starb Wolfgang Borchert im Alter von 26 Jahren.

Alter Mann → Brot ← Alte Frau

isst heimlich.

überrascht ihn.

Brot

Eigenschaften:

- *beschämt,*
- *unsicher,*
- *hat ein schlechtes Gewissen,*
- *unehrlich.*

Eigenschaften:

- *gütig,*
- *verständig,*
- *liebevoll,*
- *aber auch unehrlich.*

„Sie sah ihn nicht an, weil sie nicht ertragen konnte, dass er log.
Dass er log, nachdem sie 39 Jahre verheiratet waren.“

↓

Aussprache ? *Schweigen*

Thema

Momo

Michael Ende

Lernziele

Kennenlernen und Erschließen eines Auszugs aus einem berühmten Jugendbuch.
Nachdenken über das Geheimnis „Zeit“.
Wiedergabe des Inhalts in eigenen Worten.
Übertragen der Hauptaussage des Märchens auf reale Situationen.

Arbeitsmittel/Medien/Literaturhinweise

7 Textblätter, Folie 1 (Bild aus einer anderen Ende-Geschichte), Folie 2 (Bild zu Momo), 1 Arbeitsblatt

Tafelbild/Folie

Momo (6. Kapitel)

Inhalt: Ein Agent der „Zeit-Spar-Kasse“ (einer der grauen Herren) bringt den Friseur Fusi mithilfe rechnerischer Manipulationen dazu, „Zeitsparer“ zu werden.

Herr Fusi vor dem Besuch des grauen Herrn:

- Freude an der Arbeit,
- mitfühlend,
- gesellig,
- träumt vom besseren Leben.

Herr Fusi nach dem Besuch des grauen Herrn:

- Arbeit macht ihm keine Freude mehr,
- nervös,
- ruhelos,
- Zeit vergeht zu schnell.

Zeit ist (wie) Geld – darum spare!

positiv:

- schneller arbeiten,
- mehr verdienen,
- besser wirtschaften.

negativ:

- keine Zeit für andere,
- Verarmung im seelischen Bereich.

I. Hinführung:

Impuls/Folie 1	OHP:	Bild aus Ende-Buch: Jim Knopf
	SÄ:	„... Märchen, Michael Ende ...“
Zielangabe	TA:	**Momo**

II. Textbegegnung:

	L	liest bis Zeile 183.
	SS	vermuten weiteren Verlauf.
	SS	lesen zu Ende.

III. Erarbeitung:

1. Teilziel: Inhaltsangabe		
	SS	berichten.
	TA:	Ein Agent der „Zeit-Spar-Kasse“ bringt den Friseur Fusi durch rechnerische Manipulation dazu, „Zeitsparer“ zu werden.
2. Teilziel: Gehalt		
Impuls	L:	„Durch den Besuch des Zeit-Spar-Agenten hat sich Herr Fusi verändert.“
Arbeit am Text	SS	suchen Textstellen.
	TA:	*vorher:* – Freude an der Arbeit, – mitfühlend, – gesellig, – Traum vom besseren Leben. *nachher:* – Arbeit macht ihm keine Freude mehr, – nervös, – ruhelos, – Zeit vergeht zu schnell.
3. Teilziel: Zeitsparen – für wen?	OHP:	Folie 2: Schlagwort „Zeit“
Impuls	L:	„Man kann diese Aussagen unterschiedlich deuten.“
	LSS:	→ schneller arbeiten → mehr verdienen, aber: keine Zeit für andere → Verarmung im seelischen Bereich

IV. Vertiefung:

Impuls	L:	„Wir können auch Zeit sparen.“
	SS:	Schneller arbeiten, weniger Zeit für Mitmenschen → Leben wird leer.
Erkenntnis	LSS:	Zeittakt des modernen Berufslebens, Stress, Fließbandarbeit, Einsparen von Arbeitskräften ...

V. Sicherung:

	SS:	Eintrag ins AB

Momo (6. Kapitel – Romanausschnitt)

Michael Ende

Die Rechnung ist falsch und geht doch auf.

Dieser Roman ist nach seiner Hauptfigur, dem Mädchen Momo, benannt. Ihre Gegenspieler sind die „grauen Herren", die den Menschen die Zeit, das Leben und die Liebe stehlen. Weil nun die Kinder die Lieblosigkeit der Erwachsenen am deutlichsten zu spüren bekommen, greift Meister Hora, der „Verwalter der Zeit", ein.
Ihm hilft Momo, von der es im Klappentext heißt: „Momo, die struppige, kleine Heldin der Geschichte, kämpft ganz allein, mit nichts als einer Blume in der Hand und einer Schildkröte unterm Arm, gegen das riesige Heer der ‚grauen Herren' – und siegt auf wunderbare Weise."

Es gibt ein großes und doch alltägliches Geheimnis. Alle Menschen haben daran teil, jeder kennt es, aber die wenigsten denken je darüber nach. Die meisten Leute nehmen es einfach so hin und wundern sich kein bisschen darüber. Dieses Geheimnis ist die Zeit.
Es gibt Kalender und Uhren, um sie zu messen, aber das will wenig besagen, denn jeder weiß, dass einem eine einzige Stunde wie eine Ewigkeit vorkommen kann, mitunter kann sie aber auch wie ein Augenblick vergehen – je nachdem, was man in dieser Stunde erlebt.
Denn Zeit ist Leben. Und das Leben wohnt im Herzen.
Und genau das wusste niemand besser als die grauen Herren. Niemand kannte den Wert einer Stunde, einer Minute, ja einer einzigen Sekunde Leben so wie sie. Freilich verstanden sie sich auf ihre Weise darauf, so wie Blutegel sich aufs Blut verstehen, und auf ihre Weise handelten sie danach.
Sie hatten ihre Pläne mit der Zeit der Menschen. Es waren weitgestreckte und sorgfältig vorbereitete Pläne. Das Wichtigste war ihnen, dass niemand auf ihre Tätigkeit aufmerksam wurde. Unauffällig hatten sie sich im Leben der großen Stadt und ihrer Bewohner festgesetzt. Und Schritt für Schritt, ohne dass jemand es bemerkte, drangen sie täglich weiter vor und ergriffen Besitz von den Menschen. Sie kannten jeden, der für ihre Absichten in Frage kam, schon lange bevor der Betreffende selbst etwas davon ahnte. Sie warteten nur den richtigen Augenblick ab, in dem sie ihn fassen konnten. Und sie taten das ihre dazu, dass dieser Augenblick eintrat.
Da war zum Beispiel Herr Fusi, der Friseur. Er war zwar kein berühmter Haarkünstler, aber er war in seiner Straße gut angesehen. Er war nicht arm und nicht reich. Sein Laden, der mitten in der Stadt lag, war klein und er beschäftigte einen Lehrjungen.
Eines Tages stand Herr Fusi in der Tür seines Ladens und wartete auf Kundschaft. Der Lehrjunge hatte frei und Herr Fusi war allein. Er sah zu, wie der Regen auf die Straße platschte, es war ein grauer Tag und auch in Herrn Fusis Seele war trübes Wetter.
„Mein Leben geht so dahin", dachte er, „mit Scherengeklapper und Geschwätz und Seifenschaum. Was habe ich eigentlich von meinem Dasein? Und wenn ich einmal tot bin, wird es sein, als hätte es mich nie gegeben."
Es war nun durchaus nicht so, dass Herr Fusi etwas gegen ein Schwätzchen hatte. Er liebte es sogar sehr, den Kunden weitläufig seine Ansichten auseinander zu setzen und von ihnen zu hören, was sie darüber dachten. Auch gegen Scherengeklapper und Seifenschaum hatte er nichts. Seine Arbeit bereitete ihm ausgesprochenes Vergnügen und er wusste, dass er sie gut machte. Besonders beim Rasieren unter dem Kinn gegen den Strich war ihm so leicht keiner über. Aber es gibt eben manchmal Augenblicke, in denen das alles kein Gewicht hat. Das geht jedem so. „Mein ganzes Leben ist verfehlt", dachte Herr Fusi. „Wer bin ich schon? Ein kleiner Friseur, das ist nun aus mir geworden. Wenn ich das richtige Leben führen könnte, dann wäre ich ein ganz anderer Mensch!"

Wie dieses, richtige Leben allerdings beschaffen sein sollte, war Herrn Fusi nicht klar. Er stellte sich nur irgendetwas Bedeutendes vor, etwas Luxuriöses, etwas, wie man es immer in den Illustrierten sah.

„Aber“, dachte er missmutig, „für so etwas lässt mir meine Arbeit keine Zeit. Denn für das richtige Leben muss man Zeit haben. Man muss frei sein. Ich aber bleibe mein Leben lang ein Gefangener von Scherengeklapper, Geschwätz und Seifenschaum.

In diesem Augenblick fuhr ein feines, aschengraues Auto vor und hielt genau vor Herrn Fusis Friseurgeschäft. Ein grauer Herr stieg aus und betrat den Laden. Er stellte seine bleigraue Aktentasche auf den Tisch vor dem Spiegel, hängte seinen runden steifen Hut an den Kleiderhaken, setzte sich auf den Rasierstuhl, nahm sein Notizbüchlein aus der Tasche und begann darin zu blättern, während er an seiner kleinen grauen Zigarre paffte.

Herr Fusi schloss die Ladentür, denn es war ihm, als würde es plötzlich ungewöhnlich kalt in dem kleinen Raum.

„Womit kann ich dienen?“, fragte er verwirrt, „Rasieren oder Haare schneiden?“, und verwünschte sich im gleichen Augenblick wegen seiner Taktlosigkeit, denn der Herr hatte eine spiegelnde Glatze.

„Keines von beiden“, sagte der graue Herr, ohne zu lächeln, mit einer seltsam tonlosen, sozusagen aschengrauen Stimme. „Ich komme von der Zeit-Spar-Kasse. Ich bin Agent Nr. XYQ/384/b. Wir wissen, dass sie ein Sparkonto bei uns eröffnen wollen.

„Das ist mir neu“, erklärte Herr Fusi noch verwirrter. „Offen gestanden, ich wusste bisher nicht einmal, dass es ein solches Institut überhaupt gibt.“

„Nun, jetzt wissen sie es“, antwortete der Agent knapp. Er blätterte in seinem Notizbüchlein und fuhr fort: „Sie sind doch Herr Fusi, der Friseur?“

„Ganz recht, der bin ich“, versetzte Herr Fusi.

„Dann bin ich an der rechten Stelle“, meinte der graue Herr und klappte das Büchlein zu. „Sie sind Anwärter bei uns.“

„Wie das?“, fragte Herr Fusi, noch immer erstaunt.

„Sehen Sie, lieber Herr Fusi“, sagte der Agent, „Sie vergeuden ihr Leben mit Scherengeklapper, Geschwätz und Seifenschaum. Wenn Sie einmal tot sind, wird es sein, als hätte es Sie nie gegeben. Wenn Sie Zeit hätten, das richtige Leben zu führen, dann wären Sie ein ganz anderer Mensch. Alles, was Sie also benötigen, ist Zeit. Habe ich Recht?“

„Darüber habe ich eben nachgedacht“, murmelte Herr Fusi und fröstelte, denn trotz der geschlossenen Tür wurde es immer kälter.

„Na, sehen Sie!“, erwiderte der graue Herr und zog zufrieden an seiner kleinen Zigarre. „Aber woher nimmt man Zeit? Man muss sie eben sparen! Sie, Herr Fusi, vergeuden Ihre Zeit auf ganz verantwortungslose Weise. Ich will es Ihnen durch eine kleine Rechnung beweisen. Eine Minute hat sechzig Sekunden. Und eine Stunde hat sechzig Minuten. Können Sie mir folgen?“

„Gewiss“, sagte Herr Fusi.

Der Agent Nr. XYQ/384/b begann die Zahlen mit einem grauen Stift auf den Spiegel zu schreiben.

„Sechzig mal sechzig ist dreitausendsechshundert. Also hat eine Stunde dreitausendsechshundert Sekunden.

Ein Tag hat vierundzwanzig Stunden, also dreitausendsechshundert mal vierundzwanzig, das macht sechsundachzigtausendvierhundert Sekunden pro Tag.

Ein Jahr hat aber wie bekannt, dreihundertfünfundsechzig Tage. Das macht mithin einunddreißigmillionenfünfhundertundsechsunddreißigtausend Sekunden pro Jahr. Oder dreihundertfünfzehnmillionendreihundertundsechzigtausend Sekunden in zehn Jahren.

Wie lange, Herr Fusi, schätzen Sie die Dauer Ihres Lebens?“

„Nun“, stotterte Herr Fusi verwirrt, „ich hoffe so siebzig, achtzig Jahre alt zu werden, so Gott will.“

„Gut“, fuhr der graue Herr fort, „nehmen wir vorsichtshalber einmal nur siebzig Jahre an. Das wäre also dreihundertfünfzehnmillionendreihundertsechzigtausend mal sieben.

Das ergibt zweimilliardenzweihundertsiebenmillionenfünfhundertzwanzigtausend Sekunden.“

Und er schrieb diese Zahl groß an den Spiegel: 2 207 520 000 Sekunden.

Dann unterstrich er sie mehrmals und erklärte: „Dies also, Herr Fusi, ist das Vermögen, welches Ihnen zur Verfügung steht.“

Herr Fusi schluckte und fuhr sich mit der Hand über die Stirn. Diese Summe machte ihn schwindelig. Er hätte nie gedacht, dass er so reich sei.

„Ja“, sagte der Agent nickend und zog wieder an seiner kleinen grauen Zigarre, „es ist eine eindrucksvolle Zahl, nicht wahr? Aber nun wollen wir weitersehen.

Wie alt sind Sie, Herr Fusi?“

„Zweiundvierzig“, stammelte der und fühlte sich plötzlich schuldbewusst, als habe er eine Unterschlagung begangen.

„Wie lange schlafen Sie durchschnittlich pro Nacht?“, forschte der graue Herr weiter. „Acht Stunden etwa“, gestand Herr Fusi.

Der Agent rechnete blitzgeschwind. Der Stift kreischte über das Spiegelglas, dass sich Herrn Fusi die Haut kräuselte.

„Zweiundvierzig Jahr – täglich acht Stunden – das macht also bereits vierhunderteinundvierzigmillionenfünfhundertundviertausend. Diese Summe dürfen wir wohl mit gutem Recht als verloren betrachten. Wie viel Zeit müssen Sie täglich der Arbeit opfern, Herr Fusi?“

„Auch acht Stunden, so ungefähr“, gab Herr Fusi kleinlaut zu.

„Dann müssen wir also noch einmal die gleiche Summe auf das Minuskonto verbuchen“, fuhr der Agent unerbittlich fort. „Nun kommt ihnen aber auch noch eine gewisse Zeit abhanden durch die Notwendigkeit sich zu ernähren. Wie viel Zeit benötigen Sie insgesamt für alle Mahlzeiten des Tages?“

„Ich weiß nicht genau“, meinte Herr Fusi ängstlich, „vielleicht zwei Stunden?“

„Das scheint mir zu wenig“, sagte der Agent, „aber nehmen wir es einmal an, dann ergibt es in zweiundvierzig Jahren den Betrag von hundertzehnmillionendreihundertsechsundsiebzigtausend. Fahren wir fort! Sie leben allein mit Ihrer alten Mutter, wie wir wissen. Täglich widmen Sie der alten Frau eine volle Stunde, das heißt, Sie sitzen bei ihr und sprechen mit ihr, obgleich sie taub ist und Sie kaum noch hört. Es ist also hinausgeworfene Zeit: macht fünfundfünfzigmillioneneinhundertachtundachtzigtausend. Ferner haben Sie überflüssigerweise einen Wellensittich, dessen Pflege Sie täglich eine Viertelstunde kostet, das bedeutet umgerechnet dreizehnmillionensiebenhundertsiebenundneunzigtausend.“

„Aber …“, warf Herr Fusi flehend ein.

„Unterbrechen Sie mich nicht!“, herrschte ihn der Agent an, der immer schneller und schneller rechnete. „Da Ihre Mutter ja behindert ist, müssen Sie, Herr Fusi, einen Teil der Hausarbeit selbst machen. Sie müssen einkaufen gehen, Schuhe putzen und dergleichen lästige Dinge mehr. Wie viel Zeit kostet Sie das täglich?“, „Vielleicht eine Stunde, aber …“

„Macht weitere fünfundfünfzigmillioneneinhundertachtundachtzigtausend, die Sie verlieren, Herr Fusi. Wir wissen ferner, dass Sie einmal wöchentlich ins Kino gehen, einmal wöchentlich in einem Gesangsverein mitwirken, einen Stammtisch haben, den Sie zweimal in der Woche besuchen, und sich an den übrigen Tagen abends mit Freunden treffen oder manchmal sogar ein Buch lesen. Kurz, Sie schlagen Ihre Zeit mit nutzlosen Dingen tot, und zwar etwa drei Stunden täglich, das macht einhundertfünfundsechzigmillionenfünfhundertvierundsechzigtausend.

– Ist Ihnen nicht gut, Herr Fusi?“

„Nein“, antwortete Herr Fusi, „entschuldigen Sie bitte …“

„Wir sind gleich zu Ende“, sagte der graue Herr. „Aber wir müssen noch auf ein besonderes Kapitel Ihres Lebens zu sprechen kommen. Sie haben da nämlich dieses kleine Geheimnis, Sie wissen schon.“

Herr Fusi begann mit den Zähnen zu klappern, so kalt war ihm geworden.

„Das wissen Sie auch?“, murmelte er kraftlos. „Ich dachte, außer mir und Fräulein Daria …

„In unserer modernen Welt“, unterbrach ihn der Agent Nr. XYQ/384/b, „haben Geheimnisse nichts mehr verloren. Betrachten Sie die Dinge einmal sachlich und realistisch, Herr Fusi. Beantworten Sie mir eine Frage: Wollen Sie Fräulein Daria heiraten?“

„Nein", sagte Herr Fusi, „das geht doch nicht …"

„Ganz recht", fuhr der graue Herr fort, „denn Fräulein Daria wird ihr Leben lang an den Rollstuhl gefesselt bleiben, weil ihre Beine verkrüppelt sind. Trotzdem besuchen Sie sie täglich eine halbe Stunde, um ihr eine Blume zu bringen. Wozu?" „Sie freut sich doch immer so", antwortete Herr Fusi, den Tränen nah.

„Aber nüchtern betrachtet", versetzte der Agent, „ist es für Sie, Herr Fusi, verlorene Zeit. Und zwar insgesamt bereits siebenundzwanzigmillionenfünfhundertvierundneunzigtausend Sekunden. Und wenn wir nun dazurechnen, dass Sie die Gewohnheit haben, jeden Abend vor dem Schlafengehen eine Viertelstunde am Fenster zu sitzen und über den vergangenen Tag nachzudenken, dann bekommen wir nochmals eine abzuschreibende Summe von dreizehnmillionensiebenhundertsiebenundneunzigtausend. Nun wollen wir einmal sehen, was Ihnen eigentlich übrig bleibt, Herr Fusi."

Auf dem Spiegel stand nun folgende Rechnung:

Schlaf	441 504 000 Sekunden
Arbeit	441 504 000 Sekunden
Nahrung	110 376 000 Sekunden
Mutter	55 188 000 Sekunden
Wellensittich	13 797 000 Sekunden
Einkauf usw.	55 188 000 Sekunden
Freunde, Singen usw.	165 564 000 Sekunden
Geheimnis	27 594 000 Sekunden
Fenster	13 797 000 Sekunden
Zusammen:	1 324 512 000 Sekunden

„Diese Summe", sagte der graue Herr und tippte mit dem Stift mehrmals so hart gegen den Spiegel, dass es wie Revolverschüsse klang, „diese Summe ist also die Zeit, die Sie bis jetzt bereits verloren haben. Was sagen Sie dazu, Herr Fusi?"

Herr Fusi sagte gar nichts. Er setzte sich auf einen Stuhl in die Ecke und wischte sich mit einem Taschentuch die Stirn, denn trotz der eisigen Kälte brach ihm der Schweiß aus.

Der graue Herr nickte ernst.

„Ja, Sie sehen ganz recht", sagte er, „es ist bereits mehr als die Hälfte Ihres ursprünglichen Gesamtvermögens, Herr Fusi. Aber nun wollen wir einmal sehen, was Ihnen von Ihren zweiundvierzig Jahren eigentlich geblieben ist. Ein Jahr, das sind einunddreißigmillionenfünfhundertsechsunddreißigtausend Sekunden, wie Sie wissen. Und das mal zweiundvierzig genommen macht einemilliardedreihundertvierundzwanzigmillionenfünfhundertundzwölftausend."

Er schrieb die Zahl unter die Summe der verlorenen Zeit:

  1 324 512 000 Sekunden
– 1 324 512 000 Sekunden
  0 000 000 000 Sekunden

Er steckte seinen Stift ein und machte eine längere Pause, um den Anblick der vielen Nullen auf Herrn Fusi wirken zu lassen.

Und er tat seine Wirkung.

„Das", dachte Herr Fusi zerschmettert, „ist also die Bilanz meines ganzen bisherigen Lebens."

Er war so beeindruckt von der Rechnung, die so haargenau aufging, dass er alles widerspruchslos hinnahm. Und die Rechnung selbst stimmte. Das war einer der Tricks, mit denen die grauen Herren die Menschen bei tausend Gelegenheiten betrogen.

„Finden Sie nicht", ergriff nun der Agent Nr. XYQ/384/b in sanftem Ton wieder das Wort, „dass Sie so nicht weiterwirtschaften können, Herr Fusi? Wollen Sie nicht lieber zu sparen anfangen?" Herr Fusi nickte stumm und mit blau gefrorenen Lippen.

„Hätten Sie beispielsweise", klang die aschenfarbene Stimme des Agenten an Herrn Fusis Ohr, „schon vor zwanzig Jahren angefangen, täglich nur eine einzige Stunde einzusparen, dann besäßen Sie jetzt ein Guthaben von sechsundzwanzigmillionenzweihundertundachtzigtausend Sekunden. Bei zwei Stunden täglich ersparter Zeit wäre es natürlich das Doppelte, also zweihundfünfzigmillionenfünfhundertundsechzigtausend. Und ich bitte Sie, Herr Fusi, was sind schon zwei lumpige kleine Stunden angesichts einer solchen Summe?“

„Nichts!“, rief Herr Fusi, „eine lächerliche Kleinigkeit!“

„Es freut mich, dass Sie das einsehen“, fuhr der Agent gleichmütig fort. „Und wenn wir nun noch ausrechnen, was Sie unter denselben Bedingungen in weiteren zwanzig Jahren erspart haben würden, so kämen wir auf die stolze Summe von einhundertfünfmillioneneinhundertundzwanzigtausend Sekunden. Dieses ganze Kapital stünde Ihnen in Ihrem zweiundsechzigsten Lebensjahr zur freien Verfügung.“

„Großartig!“, stammelte Herr Fusi und riss die Augen auf.

„Warten Sie ab“, fuhr der graue Herr fort, „denn es kommt noch viel besser. Wir, das heißt die Zeit-Spar-Kasse, bewahren nämlich die eingesparte Zeit nicht nur für Sie auf, sondern wir zahlen Ihnen auch noch Zinsen dafür. Das heißt, Sie hätten in Wirklichkeit noch viel mehr.“

„Wie viel mehr?“, fragte Herr Fusi atemlos.

„Das läge ganz bei Ihnen“, erklärte der Agent, „je nachdem, wie viel Sie eben einsparen würden und wie lange Sie das Ersparte bei uns liegen lassen.“

„Liegen lassen?“, erkundigte sich Herr Fusi, „was heißt das?“

„Nun ganz einfach“, meinte der graue Herr. „Wenn Sie Ihre ersparte Zeit nicht vor fünf Jahren von uns zurückverlangen, dann bezahlen wir Ihnen noch einmal dieselbe Summe dazu. Ihr Vermögen verdoppelt sich alle fünf Jahre, verstehen Sie? Nach zehn Jahren wäre es bereits das Vierfache der ursprünglichen Summe, nach fünfzehn Jahren das Achtfache und so weiter. Wenn Sie vor zwanzig Jahren angefangen hätten, täglich nur zwei Stunden einzusparen, dann stünde für Sie in Ihrem zweiundsechzigsten Lebensjahr, also nach vierzig Jahren insgesamt, das Zweihundertsechsundfünfzigfache der bis dahin von Ihnen ersparten Zeit zur Verfügung. Das wären sechsundzwanzigmilliardenneunhundertundzehnmillionensiebenhundertundzwanzigtausend.“ Und er nahm noch einmal seinen grauen Stift heraus und schrieb auch diese Zahl an den Spiegel: 26 910 720 000 Sekunden

„Sie sehen selbst, Herr Fusi“, sagte er dann und lächelte zum ersten Mal dünn, „es wäre mehr als das Zehnfache Ihrer ursprünglichen gesamten Lebenszeit. Und das bei nur zwei ersparten Stunden täglich. Bedenken Sie, ob dies nicht ein lohnendes Angebot ist.“

„Das ist es!“, sagte Herr Fusi erschöpft. „Das ist es ganz ohne Zweifel! Ich bin ein Unglücksrabe, dass ich nicht schon längst angefangen habe zu sparen. Jetzt erst sehe ich es völlig ein und ich muss gestehen – ich bin verzweifelt!“

„Dazu“, erwiderte der graue Herr sanft, „besteht durchaus kein Grund. Es ist niemals zu spät. Wenn Sie wollen, können Sie noch heute anfangen. Sie werden sehen, es lohnt sich.“

„Und ob ich will!“, rief Herr Fusi. „Was muss ich tun?“

„Aber, mein Bester“, antwortete der Agent und zog die Augenbrauen hoch, „Sie werden doch wissen, wie man Zeit spart! Sie müssen zum Beispiel einfach schneller arbeiten und alles Überflüssige weglassen. Statt einer halben Stunde widmen Sie sich einem Kunden nur noch eine Viertelstunde. Sie vermeiden zeitraubende Unterhaltungen. Sie verkürzen die Stunde bei Ihrer alten Mutter auf eine halbe. Am besten geben Sie sie überhaupt in ein gutes, billiges Altersheim, wo für sie gesorgt wird, dann haben Sie bereits eine ganze Stunde täglich gewonnen. Schaffen Sie den unnützen Wellensittich ab! Besuchen Sie Fräulein Daria nur noch alle vierzehn Tage einmal, wenn es überhaupt sein muss. Lassen Sie die Viertelstunde Tagesrückschau ausfallen und vor allem vertun Sie Ihre kostbare Zeit nicht mehr so oft mit Singen, Lesen oder gar mit Ihren so genannten Freunden. Ich empfehle Ihnen übrigens ganz nebenbei, eine große, gut gehende Uhr in Ihren Laden zu hängen, da mit Sie die Arbeit Ihres Lehrjungen genau kontrollieren können.“

„Nun gut“, meinte Herr Fusi, „das alles kann ich tun, aber die Zeit, die mir auf diese Weise übrig bleibt – was soll ich mit ihr machen? Muss ich sie abliefern? Und wo? Oder soll ich sie aufbewahren? Wie geht das Ganze vor sich?“

„Darüber“, sagte der graue Herr und lächelte zum zweiten Mal dünn, „machen Sie sich nur keine Sorgen. Das überlassen Sie ruhig uns. Sie können sicher sein, dass uns von Ihrer eingesparten Zeit nicht das kleinste bisschen verloren geht. Sie werden es schon merken, dass ihnen nichts übrig bleibt.“

„Also gut“, entgegnete Herr Fusi verdattert, „ich verlasse mich also darauf.“ „Tun Sie das getrost, mein Bester“, sagte der Agent und stand auf.

„Ich darf Sie also hiermit in der großen Gemeinde der Zeit-Sparer als neues Mitglied begrüßen. Nun sind auch Sie ein wahrhaft moderner und fortschrittlicher Mensch, Herr Fusi. Ich beglückwünsche Sie!“

Damit nahm er seinen Hut und seine Mappe.

„Einen Augenblick noch!“, rief Herr Fusi. „Müssen wir nicht irgendeinen Vertrag abschließen? Muss ich nichts unterschreiben? Bekomme ich nicht irgendein Dokument?“

Der Agent Nr. XYQ/384/b drehte sich in der Tür um und musterte Herrn Fusi mit leichtem Unwillen.

„Wozu?“, fragte er. „Das Zeit-Sparen lässt sich nicht mit irgendeiner anderen Art des Sparens vergleichen. Es ist eine Sache des vollkommenen Vertrauens – auf beiden Seiten! Uns genügt Ihre Zusage. Sie ist unwiderruflich. Und wir kümmern uns um Ihre Ersparnisse. Wie viel Sie allerdings ersparen, das liegt ganz bei Ihnen.

Wir zwingen Sie zu nichts. Leben Sie wohl, Herr Fusi!“

Damit stieg der Agent in sein elegantes, graues Auto und brauste davon.

Herr Fusi sah ihm nach und rieb sich die Stirn. Langsam wurde ihm wieder wärmer, aber er fühlte sich krank und elend. Der blaue Dunst aus der kleinen Zigarre des Agenten hing noch lange in dichten Schwaden im Raum und wollte nicht weichen. Erst als der Rauch vergangen war, wurde es Herrn Fusi wieder besser. Aber im gleichen Maß wie der Rauch verging, verblassten auch die Zahlen auf dem Spiegel. Und als sie schließlich ganz verschwunden waren, war auch die Erinnerung an den grauen Besucher in Herrn Fusis Gedächtnis ausgelöscht, – die an den Besucher, nicht aber die an den Beschluss! Den hielt er nun für seinen eigenen. Der Vorsatz, von nun an Zeit zu sparen, um irgendwann in der Zukunft ein anderes Leben beginnen zu können, saß in seiner Seele fest wie ein Stachel mit Widerhaken.

Und dann kam der erste Kunde an diesem Tag. Herr Fusi bediente ihn mürrisch, er ließ alles Überflüssige weg, schwieg und war tatsächlich statt in einer halben Stunde schon nach zwanzig Minuten fertig.

Und genauso hielt er es von nun an bei jedem Kunden. Seine Arbeit machte ihm auf diese Weise überhaupt keinen Spaß mehr, aber das war ja nun auch nicht mehr wichtig. Er stellte zusätzlich zu seinem Lehrjungen noch zwei weitere Gehilfen ein und gab scharf darauf Acht, dass sie keine Sekunde verloren. Jeder Handgriff war nach einem genauen Zeitplan festgelegt. In Herrn Fusis Laden hing nun ein Schild mit der Aufschrift: *Gesparte Zeit ist doppelte Zeit!*

An Fräulein Daria schrieb er einen kurzen, sachlichen Brief, dass er wegen Zeitmangels leider nicht mehr kommen könne. Seinen Wellensittich verkaufte er einer Tierhandlung. Seine Mutter steckte er in ein gutes, aber billiges Altersheim und besuchte sie dort einmal im Monat. Und auch sonst befolgte er alle Ratschläge des grauen Herrn, die er ja nun für seine eigenen Beschlüsse hielt.

Er wurde immer nervöser und ruheloser, denn eines war seltsam: Von all der Zeit, die er einsparte, blieb ihm tatsächlich niemals etwas übrig. Sie verschwand einfach auf rätselhafte Weise und war nicht mehr da. Seine Tage wurden erst unmerklich, dann aber deutlich spürbar kürzer und kürzer. Ehe er sich versah, war schon wieder eine Woche, ein Monat, ein Jahr herum und noch ein Jahr und noch eines.

Da er sich ja an den Besuch des grauen Herrn nicht mehr erinnerte, hätte er sich wohl eigentlich ernstlich fragen müssen, wo all seine Zeit denn blieb. Aber diese Frage stellte er sich so wenig wie alle anderen Zeitsparer. Es war etwas wie eine blinde Besessenheit über ihn gekommen. Und wenn er manchmal mit Schrecken gewahr wurde, wie schnell und immer schneller seine Tage dahinrasten, dann sparte er nur umso verbissener.

Wie Herrn Fusi, so ging es schon vielen Menschen in der großen Stadt. Und täglich wurden es mehr, die damit anfingen, das zu tun, was sie „Zeitsparen“ nannten. Und je mehr es wurden, desto mehr folgten nach, denn auch denen, die eigentlich nicht wollten, blieb gar nichts anderes übrig, als mitzumachen.

Täglich wurden im Rundfunk, im Fernsehen und in den Zeitungen die Vorteile neuer zeitsparender Einrichtungen erklärt und gepriesen, die den Menschen dereinst die Freiheit für das „richtige“ Leben schenken würden. An Hauswänden und Anschlagsäulen klebten Plakate, auf denen man alle möglichen Bilder des Glücks sah. Darunter stand in leuchtenden Lettern:

ZEIT-SPARERN GEHT ES IMMER BESSER!

oder: ZEIT-SPARERN GEHÖRT DIE ZUKUNFT!

oder: MACH MEHR AUS DEINEM LEBEN – SPARE ZEIT!

Aber die Wirklichkeit sah ganz anders aus. Zwar waren die Zeit-Sparer besser gekleidet als die Leute, die in der Nähe des alten Amphitheaters wohnten. Sie verdienten mehr Geld und konnten auch mehr ausgeben. Aber sie hatten missmutige, müde oder verbitterte Gesichter und unfreundliche Augen. Bei ihnen war die Redensart: „Geh doch zu Momo!“, natürlich unbekannt. Sie hatten niemanden, der ihnen so zuhören konnte, dass sie davon gescheit, versöhnlich oder gar froh geworden wären. Aber selbst wenn es dort so jemanden gegeben hätte, es wäre doch höchst zweifelhaft gewesen, ob sie je zu ihm hingegangen wären – es sei denn man hätte die Sache in fünf Minuten erledigen können. Andernfalls hätten sie es für verlorene Zeit gehalten. Selbst ihre freien Stunden mussten, wie sie meinten, ausgenutzt werden und in aller Eile so viel Vergnügen und Entspannung liefern, wie nur möglich war.

So konnten sie keine richtigen Feste mehr feiern, weder fröhliche noch ernste. Träumen galt bei ihnen fast als ein Verbrechen. Am allerwenigsten aber konnten sie die Stille ertragen. Denn in der Stille überfiel sie Angst, weil sie ahnten, was in Wirklichkeit mit ihrem Leben geschah. Darum machten sie Lärm, wann immer die Stille drohte. Aber es war natürlich kein fröhlicher Lärm wie der auf einem Kinderspielplatz, sondern ein wütender und missmutiger, der die große Stadt von Tag zu Tag lauter erfüllt.

Ob einer seine Arbeit gern oder mit Liebe zur Sache tat, war unwichtig – im Gegenteil, das hielt nur auf. Wichtig war ganz allein, dass er in möglichst kurzer Zeit möglichst viel arbeitete. Über allen Arbeitsplätzen in den großen Fabriken und Bürohäusern hingen deshalb Schilder, auf denen stand: ZEIT IST KOSTBAR – VERLIERE SIE NICHT!

oder: ZEIT IST (WIE) GELD – DARUM SPARE!

Ähnliche Schilder hingen auch über den Schreibtischen der Chefs, über den Sesseln der Direktoren, in den Behandlungszimmern der Ärzte, in den Geschäften, Restaurants und Warenhäusern und sogar in den Schulen und Kindergärten. Niemand war davon ausgenommen.

Und schließlich hatte auch die große Stadt selbst mehr und mehr ihr Aussehen verändert. Die alten Viertel wurden abgerissen und neue Häuser wurden aufgebaut, bei denen man alles wegließ, was nun für überflüssig galt. Man sparte sich die Mühe, die Häuser so zu bauen, dass sie zu den Menschen passten, die in ihnen wohnten; denn dann hätte man ja lauter verschiedene Häuser bauen müssen. Es war viel billiger und vor allem zeitsparender, die Häuser alle gleich zu bauen.

Im Norden der großen Stadt breiteten sich schon riesige Neubauviertel aus. Dort erhoben sich in endlosen Reihen vielstöckige Mietskasernen, die einander so gleich waren wie ein Ei dem anderen. Und da alle Häuser gleich aussahen, sahen natürlich auch alle Straßen gleich aus. Und diese einförmigen Straßen wuchsen und wuchsen und dehnten sich schon schnurgerade bis zum Horizont aus – eine Wüste der Ordnung! Und genauso verlief auch das Leben der Menschen, die hier wohnten: Schnurgerade bis zum Horizont! Denn hier war alles genau berechnet und geplant, jeder Zentimeter und jeder Augenblick.

Niemand schien zu merken, dass er, indem er Zeit sparte, in Wirklichkeit etwas ganz anderes sparte. Keiner wollte wahrhaben, dass sein Leben immer ärmer, immer gleichförmiger und immer kälter wurde. Deutlich zu fühlen jedoch bekamen es die Kinder, denn auch für sie hatte nun niemand mehr Zeit. Aber Zeit ist Leben. Und das Leben wohnt im Herzen.

Und je mehr die Menschen daran sparten, desto weniger hatten sie.

Folie 1

Folie 2

Deutsch Literatur	Name: ______	Klasse: ____	Datum: ______	Nr.: __

Momo (6. Kapitel)

Michael Ende

Herr Fusi vor dem Besuch des grauen Herrn:

Herr Fusi nach dem Besuch des grauen Herrn:

Zeit-Sparern gehört die Zukunft!

Zeit-Sparern geht es immer besser!

positiv:

negativ:

Zeit ist kostbar – verliere sie nicht!

Mach mehr aus deinem Leben – spare Zeit!

Deutsch Literatur	Name: ______	Klasse: ______	Datum: ______	Nr.: __

Momo (6. Kapitel)

Michael Ende

Ein Agent der „Zeit-Spar-Kasse“ (einer der grauen Herren) bringt den Friseur Fusi mithilfe rechnerischer Manipulationen dazu, „Zeitsparer“ zu werden.

Herr Fusi vor dem Besuch des grauen Herrn:

- *Freude an der Arbeit,*
- *mitfühlend,*
- *gesellig,*
- *träumt von einem besseren Leben.*

Herr Fusi nach dem Besuch des grauen Herrn:

- *Arbeit macht ihm keine Freude mehr,*
- *nervös,*
- *ruhelos,*
- *Zeit vergeht zu schnell.*

Zeit-Sparern gehört die Zukunft!

Zeit-Sparern geht es immer besser!

positiv:

schneller arbeiten,
besser wirtschaften,
mehr verdienen.

negativ:

keine Zeit für andere,
Verarmung im seelischen Bereich.

Zeit ist kostbar – verliere sie nicht!

Mach mehr aus deinem Leben – spare Zeit!

Der Zeittakt der Maschinen, Akkordarbeit und Leistungsstress sowie die Jagd nach materiellen Gütern sind Ursache dafür, dass die Menschen heute für sich und die anderen keine Zeit mehr haben.

Thema

Die Entscheidung

Max von der Grün

Lernziele

Inhalt und Gehalt der Erzählung erläutern können.
Den Schweißer Egon Witty als Mensch in einem Entscheidungsprozess kennen lernen.
Bewusstmachen, dass Menschen Schwierigkeiten haben sich zu entscheiden.
Dem Schüler bewusst machen, dass auch er in seinem weiteren Leben vor schwierigen Entscheidungen stehen wird.
Notwendigkeit erkennen, vor einer Entscheidung die Situation gründlich zu durchdenken.

Arbeitsmittel/Medien/Literaturhinweise

Folie 1 (Tür), 3 Textblätter, Folie 2 (Entscheidungssituationen), 1 Arbeitsblatt

Tafelbild/Folie 1

I. Hinführung:

Folie 1 (Tür)/Impuls	L:	„Eine Tür spielt in der folgenden Erzählung eine große Rolle!"
	SS:	Spontanäußerungen
Zielangabe	TA:	**Die Entscheidung**

II. Erarbeitung:

Inhalt: Textblätter 1–3/gemeinsames Erlesen/Aussprache	SS:	Der Schweißer Egon Witty ist 30 Jahre alt. Er soll Meister werden und muss sich entscheiden, ob er Meister werden will. Er befindet sich in einer für ihn sehr schwierigen Entscheidungssituation. Einerseits freut er sich darauf, Meister zu werden. Er weiß, dass er fachlich dazu in der Lage ist, und macht sich auch die Vorteile bewusst, die diese Position mit sich bringt. Andererseits hat er Angst, dieser Position nicht gerecht werden zu können.
Gehalt:	SS:	Die Erzählung zeigt das Ringen des Schweißers Witty um die richtige Entscheidung. Sie zeigt, welche Aspekte in die Entscheidung einfließen. Egon Witty zeigt auch den Menschen in Familie und Betrieb gegenüber Verantwortungsbewusstsein.

III. Vertiefung:

Impuls	L:	„Diese Erzählung kann uns eine große Hilfe sein."
	SS:	Nicht nur Jugendliche haben Probleme sich für etwas zu entscheiden. Auch Erwachsene haben damit Probleme. Die Unsicherheit in einer solchen Situation ist etwas ganz Normales.

IV. Ausweitung:

Impuls/Folie 2	L:	„Auch du wirst in deinem weiteren Leben vor schwierigen Entscheidungen stehen!"
	SÄ:	„Berufswahl, Schulwechsel, Heirat …"
Impuls	L:	„Gib einen guten Rat!"
	SÄ:	„Genau überlegen; Folgen bedenken; auch Nein sagen können …"

V. Sicherung:

	SS:	Eintrag ins AB

Die Entscheidung

Max von der Grün

Der Schweißer Egon Witty stand vor dem Büro seines Meisters, er hatte während eines Arbeitstages oft da vorzusprechen, und jetzt wollte er die Detailzeichnungen für das Gestänge der neuen Montagehalle holen, damit die Schweißarbeiten begonnen werden konnten.

Der Schweißer Egon Witty hatte Zukunft. Er war dreißig Jahre alt, verheiratet mit einer Frau, die einer bekannten Filmschauspielerin ähnelte, aber viel Verstand mitbrachte und Fürsorge für ihn und seine Pläne. Er hatte zwei Mädchen in noch nicht schulpflichtigem Alter und er war von der Betriebsleitung ausersehen in einem halben Jahr den Posten des Meisters zu übernehmen, wenn der alte Mann in Pension ging.

Der Schweißer Witty hatte also Zukunft.

Der Schweißer Egon Witty blieb vor dem Büro seines Meisters stehen. Es gab keinen Grund, warum er stehen blieb und in die Sonne blinzelte. Es gab keinen Grund, warum er nicht wie alle Tage sofort eintrat und seine Sache vortrug.

Es war ein ungewöhnlich heißer Tag.

Was wird sein, wenn ich Meister bin? dachte er. Was wird sich im Betrieb und in meinem Leben verändern? Warum soll ich etwas verändern? Bin ich ein Mensch, der verändern will?

Er stand starr und beobachtete mit abwesendem Blick das geschäftige Treiben auf dem Eisenverladeplatz, der hundert Meter weiter unter der sengenden Sonne lag. Die Männer dort arbeiteten ohne Hemd, ihre braunen Körper glänzten im Schweiß. Ab und zu trank einer aus der Flasche. Ob sie Bier tranken oder Coca?

Was wird sein, wenn ich Meister bin? Mein Gott, was wird dann sein? Ja, ich werde mehr Geld verdienen, kann mir auch einen Wagen leisten und die Mädchen werde ich zur Oberschule schicken, wenn es so weit ist. Vorausgesetzt, sie haben das Zeug dazu. Eine größere Wohnung werde ich beziehen, von der Werksleitung eingewiesen in die Siedlung, in der nur Angestellte der Fabrik wohnen. Vier Zimmer, Kochnische, Bad, Balkon, kleiner Garten – und Garage. Das ist schon etwas. Dann werde ich endlich heraus sein aus der Kasernensiedlung, wo die Wände Ohren haben, wo einer dem anderen in den Kochtopf guckt und der Nachbar an die Wand klopft, wenn meine Frau den Schallplattenapparat zu laut aufdreht und die Pilzköpfe plärren lässt.

Meister, werden dann hundert Arbeiter zu mir sagen – oder Herr. Oder Herr Meister – oder Herr Witty. Wie sich das wohl anhört: Herr Witty, Meister. Er sprach es mehrmals laut vor sich hin.

Der Schweißer Egon Witty blinzelte in die Sonne und er sah auf den Verladeplatz, der unter der prallen Sonne lag, und er rätselte, was die Männer mit den entblößten Oberkörpern wohl tranken: Bier? Coca?

Schön wird das sein, wenn ich erst Meister bin, ich werde etwas sein; denn jetzt bin ich nichts, nur ein Rad im Getriebe, das man auswechseln kann. Räder sind ersetzbar, nicht so leicht aber Männer, die Räder in Bewegung setzen und überwachen. Ich werde etwas sein, ich werde bestimmen, anordnen, verwerfen, begutachten, für gut befinden. Ich werde Verantwortung tragen. Ich allein. Verantwortung?

Ver-ant-wor-tung?

Da wusste er plötzlich, warum er gezögert hatte in das Büro des Meisters zu gehen wie all die Tage vorher, forsch, in dem sicheren Gefühl, hier bald der Meister zu sein. Herr? Oder Meister? Wie sich das anhört: Herr Witty. Meister! Nein, dachte er, ich kann diese Verantwortung unmöglich auf mich nehmen. Ich bin nicht der richtige Mann dafür, ich kann das nicht, ich habe nicht die Sicherheit des Alten. Der zweifelt nie, der weiß einfach, wann was wo zu geschehen hat und auch wie. Ich muss einen Menschen haben, der mir die letzte Entscheidung abnimmt, der mir sagt, wann was wo zu geschehen hat und wie.

Ich habe Angst. Einfach Angst.

Eine saubere Naht kann ich schweißen, millimetergenau Eisen zerteilen und ich kann Pläne lesen und weiß: wo, was, wie, warum, wann. Aber ich weiß nicht, ob das absolut richtig ist. Ich weiß es nicht.
Nein, ich kann diese Stelle nicht übernehmen, ich bin zu unsicher, ich müsste immer fragen, ob es richtig ist. Weil ich nun eben so bin. Ich werde dann nicht Herr heißen und nicht Meister. Kollegen werden lächeln und Feigling sagen. Sollen sie!
In die Angestelltensiedlung kann ich dann auch nicht umziehen. Das ist schade, werde weiterhin in meiner Kaserne wohnen. Und die Mädchen? Noch ist es nicht so weit, kommt Zeit, kommt Rat, vielleicht haben sie gar nicht das Zeug für die Oberschule. Und das Auto? Wird dann wohl nichts werden, meine Frau muss weiter auf dem Moped in die Stadt zum Einkaufen fahren. Vielleicht reicht es zum Auto, wenn ich jeden Tag Überstunden mache. Ich kann arbeiten für zwei, ich traue mir alles zu, ich kann gut arbeiten und schnell und sauber. Aber ich kann diese Verantwortung nicht tragen. Ich habe einfach Angst, eine dumme, erbärmliche Angst. Vor meiner Unsicherheit? Wovor habe ich denn nun Angst?
Der Schweißer Egon Witty stand vor dem Büro seines Meisters und blinzelte in die Sonne. Trinken die Männer dort auf dem Platz unter der stechenden Sonne nun Bier oder Coca?
Mein Gott, wäre das schön: Meister sein. Eine gute Stellung, eine Lebensstellung und dann mit Herr angeredet werden oder mit Meister. Meine Frau freut sich auf meine Beförderung – sie wird enttäuscht sein und zornig und mich einen Narren schimpfen, der nicht weiß, was er will. Sie wird mich einen Drückeberger nennen und einen, der keinen Mumm in den Knochen hat, der den Mund dort aufreißt, wo es nicht nötig ist. Sie wird das heute Abend alles sagen, wenn ich ihr von meinem Entschluss erzähle. Ich kann ihr alles erklären, alles, aber nicht, dass ich Angst habe, eine kleine, saublöde Angst. Sie wird nie verstehen, was Angst ist. Sie wird zu mir sagen: „Warum? Du kennst doch dein Fach, dir kann keiner was vormachen, du kennst wie kein Zweiter dieses Fach. Soll ein Halbidiot an deine Stelle treten?“ Sie ist stolz auf mich; denn von überall und von jedermann hört sie, dass ich tüchtig bin, dass ich Übersicht und Umsicht habe. Ich sei enorm gescheit, hat ihr der Direktor auf der letzten Betriebsfeier gesagt. Ja, sie ist stolz auf mich, sehr. Was wird sie wohl heute Abend sagen? Ich sehe schon ihr erschrecktes Gesicht. Sie wissen alle, was ich kann, der Herr Direktor, der Meister und auch meine Frau, aber sie wissen nicht, dass ich Angst habe, eine kleine, erbärmliche Angst. Ich kann ihnen das nicht sagen, nicht erklären, nicht begründen; sie verstehen mich nicht, nicht der Direktor, nicht der Meister, nicht meine Frau. Wohl kann ich eine saubere Naht schweißen, Pläne lesen und weiß: was, wie, wann, warum. Aber ich weiß nicht, warum ich Angst habe, warum ich unsicher bin, wo ich doch in meinem Beruf für alle anderen Sicherheit ausstrahle. Ich kann es ihnen nicht erklären, sie würden mich auslachen und sagen: „Du bist doch kein Kind mehr.“ Ja, das werden sie sagen, sie werden mich für launisch halten; sie werden glauben, ich will mich interessant machen, um vielleicht mehr Gehalt herauszuschlagen.
Dem Meister werde ich das jetzt sagen, er soll einen anderen vorschlagen, einen, der keine Angst hat und der nicht weiß, was das ist.
Der Schweißer Egon Witty blinzelte in die Sonne und auf den Verladeplatz. Die Männer dort. Trinken sie nun Bier? Oder Coca? Bei der Hitze sollten sie kein Bier trinken.
Die Bürotür schlug nach außen auf, der Meister hätte Witty beinah umgerannt. Der grauhaarige Mann sah auf und lachte breit, als er Witty erkannte.
„Ach!“, rief er, „da bist du ja. Ich wollte gerade zu dir in die Halle.“
„Zu mir?“
„Ja. Du hast Glück gehabt.“
„Glück?“
„Ja, Glück. Natürlich. Am Ersten ist für mich der Letzte. Ich höre auf. In drei Tagen also. Dann bist du hier der Herr. Der Arzt sagt, ich darf nicht mehr, ab sofort, Herz, weißt du? Ich wusste ja gar nicht, dass es so schlimm steht.“ „Ja, ja“, sagte Witty.
„Na, Mensch, du stehst hier herum wie ein Ölgötze. Freust du dich nicht? Mir darfst du deine Freude ruhig zeigen, ich alter Knochen bin hier sowieso überflüssig geworden. Du machst das alles viel besser. Und dann, du warst doch im letzten Jahr schon der Meister, ich habe doch nur

Unterschriften gegeben. Na, Mensch, das kam zu plötzlich, verstehe, das hat dich erschlagen. Was? Dicker Hund? Morgen wird gefeiert, mein Ausstand, und du zahlst deinen Einstand."
Der Schweißer Egon Witty ging. Er blieb mitten auf dem Platz stehen und blinzelte in die Sonne und auf den Eisenverladeplatz. Ob sie Bier trinken oder Coca?
Ich muss umkehren und es dem alten Herrn sagen. Von meiner Angst muss ich ihm erzählen und sagen, warum ich Angst habe. Er wird mich verstehen, bestimmt, wenn einer mich versteht, dann er; denn er hat auch einmal Angst gehabt. Er hat es mir vor Jahren einmal erzählt, da sagten wir noch Sie zueinander. Bis zu den Knien hat er im Schnee gestanden und die Arme hochgereckt, als die Russen auf sie zukamen. „Wissen Sie, was ich da dachte?", hatte er einmal erzählt. „Nichts dachte ich, absolut gar nichts, ich hatte nur eine wahnsinnige Angst. Und warum? Weil man in dem Moment nicht weiß, was kommt. Man weiß es nicht, man hat so viel gehört und auch gesehen, aber in dem Moment weiß man nicht, was kommt. Und dann ist die Angst da." Als der erste Russe ihn auf Deutsch ansprach, war die Angst weg, erzählte er damals auch. Der musste lachen, gab ihm eine Zigarette. Das Lachen und die Zigarette saugten seine Angst auf. Aber seine Angst ist nicht meine, mich lachen die Menschen an, sie geben mir Zigaretten, die Angst ist trotzdem da. Der Meister wird mich trotzdem verstehen. Nur wer nie Angst hatte, sagt, das sind Kindereien. Der Meister wird mich verstehen. Egon Witty kehrte um.
Vor der Tür zum Büro blieb er wieder stehen, blinzelte in die Sonne und auf den Verladeplatz. Trinken die Männer nun Bier oder Coca? Er trat ein, forsch wie immer. Der Meister sah auf, erstaunt, dann nahm er die Brille ab und lächelte breit. „Na? Was gibt's?", fragte er.
„Ich … ich …", stotterte Witty. Dann sagte er fest: „Ich habe die Pläne für Halle drei vergessen."
„Ach so, ja, hier. Zehn Stück. Gleich in Zellophanhüllen stecken, damit sie nicht so schmutzig werden."
Der Schweißer Egon Witty wollte noch etwas sagen, aber der Meister saß schon hinter seinem Tisch und füllte eine Tabelle aus. Witty nahm die Pläne und ging über den Verladeplatz.
Die Männer dort tranken Bier.

Folie 2

ABITUR
Hauptschul-
abschluß
REALSCHUL-
ABSCHLUSS
ÜBERTRITTSZEUGNIS
für
ABSTELL
RAUM
WC
ARBEITEN
GARD
LUFT-
RAUM
FLUR
AUFGANG
GALERIE
BAD
KOCHEN
WOHNEN/SCHLAFEN

Deutsch Literatur	Name: ____	Klasse: ____	Datum: ____	Nr.: __

Die Entscheidung

Max von der Grün

Der Schweißer Egon Witty – ein Mensch vor einer schwierigen ______________________

Ich werde Meister.

____

____

Ich bin nicht der richtige Mann dafür.

____

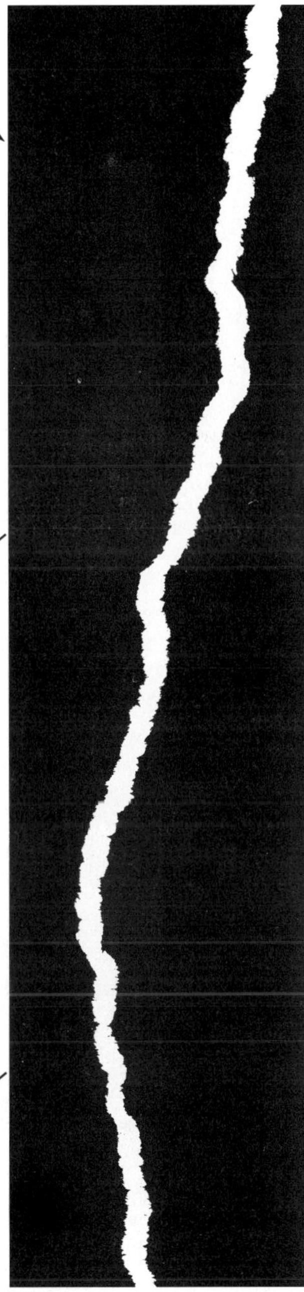

Auch ich werde in meinem weiteren Leben vor schwierigen Entscheidungen stehen:

____

Was kann ich tun, um die richtige Entscheidung zu treffen?

____

Deutsch **Literatur**	Name: ______	Klasse: ______	Datum: ______	Nr.: ___

Die Entscheidung

Max von der Grün

Der Schweißer Egon Witty – ein Mensch vor einer schwierigen *Entscheidung*

Ich werde Meister.
Ich werde Verantwortung tragen.

Ich bin nicht der richtige Mann dafür.
Ich habe Angst.

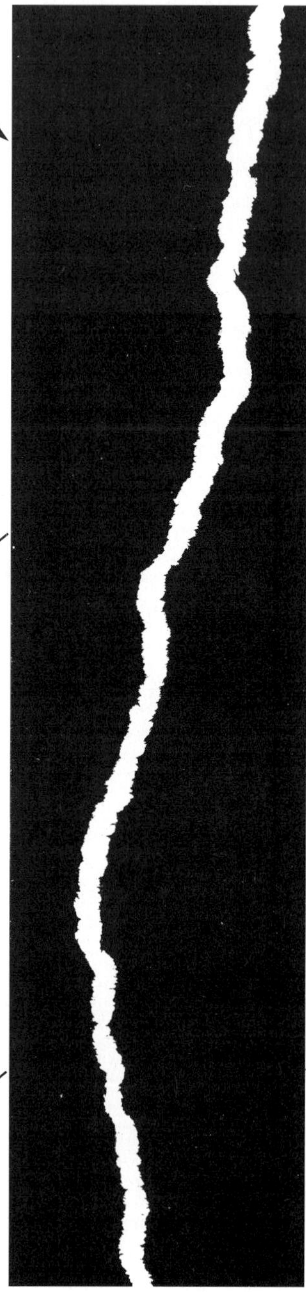

„Wäre das schön: Meister sein.“ „Meine Frau freut sich auf meine Beförderung – …“

„… er (der Meister) soll einen anderen vorschlagen, einen, der keine Angst hat.“

„Du machst das alles viel besser. Und dann, du warst doch im letzten Jahr schon der Meister …“

„Von meiner Angst muss ich ihm erzählen und sagen, warum ich Angst habe.“

Auch ich werde in meinem weiteren Leben vor schwierigen Entscheidungen stehen:

____

Was kann ich tun, um die richtige Entscheidung zu treffen?

____

Thema

Anekdote aus dem letzten preußischen Kriege

Heinrich von Kleist

Lernziele

Die Anekdote als Besonderheit epischer Erzählformen erkennen.
Herausarbeiten der Stilmittel für Spannungssteigerungen.
Wirt und Reiter als Vertreter bestimmter Charaktere benennen können.
Die Anekdote in einzelnen Rollen sinngestaltend vortragen können.

Arbeitsmittel/Medien/Literaturhinweise

1 Textblatt, Folie 1 (Bild und Text), Folie 2 (Napoleon und Text), 1 Arbeitsblatt

Lit.: Naumann und Göbel, Illustrierte deutsche Geschichte, 1991

Tafelbild/Folie

Anekdote aus dem letzten preußischen Kriege

** 1777 Heinrich von Kleist † 1811*

2 Hauptpersonen:

	WIRT	REITER
Eigenschaften	ängstlich, unsicher, nervös	selbstbewusst, siegessicher, tollkühn
Sprache	erregtes Redetempo, viele Ausrufe, Satzfetzen	gelassene, ruhige Sprache, ganze Sätze

Spannungskurve:

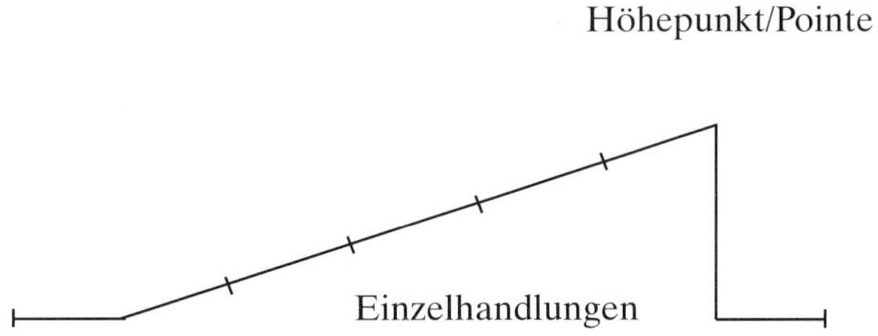

I. Hinführung:

Folie 1 (Schlacht bei Jena)	L	informiert über die Schlachten der Franzosen unter der Führung von Napoleon gegen die preußische Armee (endgültiger Sieg nach den Schlachten von Jena und Auerstedt 1806).
Folie 2 (Einzug von Napoleon in Berlin)	SS	lesen die Informationstexte.
	LSG:	kurze Aussprache
TA/Zielangabe	L:	„Heinrich von Kleist, Sohn einer preußischen Offiziersfamilie, schreibt 1810 eine Anekdote: **Anekdote aus dem letzten preußischen Kriege** (1806).“

II. Textbegegnung und Texterarbeitung:

	L:	„Die vorliegende Geschichte bezieht sich auf diesen letzten preußischen Krieg.“
Textblatt	SS:	stilles Erlesen
Inhalt:	SS	geben den Inhalt mit eigenen Worten wieder, erkennen, dass die Sprache nicht leicht zu verstehen ist.

Gehalt: GA

1. Neben dem Erzähler treten in dem Text zwei Hauptpersonen auf!
2. Welche Eigenschaften könntest du dem Wirt, welche dem Reiter zusprechen?
3. Beschreibe kurz die Sprache des Wirtes sowie die Sprache des Reiters! Nenne je zwei typische Beispiele!
4. Wodurch erreicht der Autor eine Spannungssteigerung?
5. Wie werden wohl die preußischen Leser diese Anekdote in der Zeit um 1810 aufgenommen und verstanden haben?

TA	zu 1.:	der Reiter und der Wirt
	zu 2.:	Wirt: ängstlich, unsicher, nervös, Reiter: selbstbewusst, siegessicher, tapfer
	zu 3.:	Wirt: erregtes Redetempo, viele Ausrufe, Satzfetzen … Reiter: gelassene, ruhige Sprache, ganze Sätze …
	zu 4.:	Eine Einzelhandlung folgt der andern, Verzögerungen unterbrechen den Ablauf, unterschiedliche Sprechweisen von Wirt und Reiter.
	zu 5.:	Eigenes Selbstbewusstsein wird wieder gestärkt, Preußen sind doch stärker als Franzosen, Niederlage ist dadurch leichter zu verschmerzen.

III. Vertiefung:

TA Folie 3 (Quellentext auf AB)	LSS:	Aufzeigen der Spannungskurve bis hin zur Pointe; Kleist griff auf einen Quellentext zurück.
	L	informiert über den Dichter.

IV. Sicherung:

	SS	tragen die TA ins AB ein, ergänzen AB.
Arbeitsblatt	SS	lesen die Anekdote mit verteilten Rollen.

Anekdote aus dem letzten preußischen Kriege

Heinrich von Kleist

In einem bei Jena liegenden Dorf, erzählte mir, auf einer Reise nach Frankfurt, der Gastwirt, dass sich mehrere Stunden nach der Schlacht, um die Zeit, da das Dorf schon ganz von der Armee des Prinzen von Hohenlohe verlassen und von Franzosen, die es für besetzt gehalten, umringt gewesen wäre, ein einzelner preußischer Reiter darin gezeigt hätte; und versicherte mir, dass wenn alle Soldaten, die an diesem Tage mitgefochten, so tapfer gewesen wären wie dieser, die Franzosen hätten geschlagen werden müssen, wären sie auch noch dreimal stärker gewesen, als sie in der Tat waren. Dieser Kerl, sprach der Wirt, sprengte, ganz von Staub bedeckt, vor meinen Gasthof und rief: „Herr Wirt!“ Und da ich frage:
Was gibts? „Ein Glas Branntewein!“, antwortete er, indem er sein Schwert in die Scheide wirft: „Mich dürstet.“ Gott im Himmel! sag ich: Will er machen, Freund, dass er wegkömmt? Die Franzosen sind ja dicht vor dem Dorf! „Ei, was!“, spricht er, indem er dem Pferde den Zügel über den Hals legt. „Ich habe den ganzen Tag nichts genossen!“ Nun er ist, glaub ich, vom Satan besessen –! He! Liese! rief ich und schaff ihm eine Flasche Danziger herbei und sage: Da! und will ihm die ganze Flasche in die Hand drücken, damit er nur reite. „Ach was!“, spricht er, indem er die Flasche wegstößt, und sich den Hut abnimmt: „Wo soll ich mit dem Quark hin?“ Und: „Schenk er ein!“, spricht er, indem er sich den Schweiß von der Stirn abtrocknet: „Denn ich habe keine Zeit!“ Nun er ist ein Kind des Todes, sag ich. Da! sag ich und schenk ihm ein. Da! trink er und reit er! Wohl mags ihm bekommen. „Noch eins!“, spricht der Kerl; während die Schüsse schon von allen Seiten ins Dorf prasseln. Ich sage: Noch eins? Plagt ihn –! „Noch eins!“, spricht er und streckt mir das Glas hin. – „Und gut gemessen“, spricht er, indem er sich den Bart wischt, und sich vom Pferde herab schnäuzt: „Denn es wird bar bezahlt!“
Ei, mein Seel, so wollt ich doch, dass ihm –! Da! sag ich und schenk ihm noch, wie er verlangt, ein zweites und schenk ihm, da er getrunken, noch ein drittes ein und frage: Ist er nun zufrieden? „Ach!“, – schüttelt sich der Kerl. „Der Schnaps ist gut! – Na!“, spricht er und setzt sich den Hut auf: „Was bin ich schuldig?“ Nichts! nichts! versetz ich. Pack er sich, ins Teufelsnamen; die Franzosen ziehen augenblicklich ins Dorf! „Na!“, sagt er, indem er in seinen Stiefel greift: „So solls ihm Gott lohnen“, und holt aus dem Stiefel einen Pfeifenstummel hervor und spricht, nachdem er den Kopf ausgeblasen: „Schaff er mir Feuer!“ Feuer? sag ich: Plagt ihn –? „Feuer, ja!“, spricht er: „Denn ich will mir eine Pfeife Tabak anmachen.“ Ei, den Kerl reiten Legionen –! He, Liese! ruf ich das Mädchen. Und während der Kerl sich die Pfeife stopft, schafft das Mensch ihm Feuer. „Na!“, sagt der Kerl, die Pfeife, die er sich angeschmaucht, im Maul: „Nun sollen doch die Franzosen die Schwerenot kriegen!“ Und damit, indem er sich den Hut in die Augen drückt, und zum Zügel greift, wendet er das Pferd und zieht vom Leder. Ein Mordskerl! sag ich; ein verfluchter, verwetterter Galgenstrick!
Will er sich ins Henkers Namen scheren, wo er hingehört? Drei Chasseurs – sieht er nicht? – halten ja schon vor dem Tor? „Ei was!“, spricht er, indem er ausspuckt; und fasst die drei Kerls blitzend ins Auge. „Wenn ihrer zehn wären, ich fürcht mich nicht.“ Und in dem Augenblick reiten auch die drei Franzosen schon ins Dorf. „Bassa Manelka!“, ruft der Kerl und gibt seinem Pferde die Sporen und sprengt auf sie ein; sprengt, so wahr Gott lebt, auf sie ein und greift sie, als ob er das ganze Hohenlohische Korps hinter sich hätte, an; dergestalt, dass, da die Chasseurs, ungewiss, ob nicht noch mehr Deutsche im Dorf sein mögen, einen Augenblick wider ihre Gewohnheit stutzen, er mein Seel, ehe man noch eine Hand umkehrt, alle drei vom Sattel haut, die Pferde, die auf dem Platz herumlaufen, aufgreift, damit bei mir vorbeisprengt und: „Bassa Teremtetem!“, ruft und: „Sieht er wohl, Herr Wirt?“, und: „Adies!“, und: „Auf Wiedersehn!“, und: „Hoho! hoho! hoho!“ – – So einen Kerl, sprach der Wirt, habe ich zeit meines Lebens nicht gesehen.

Folie 1

Den entscheidenden Sieg über die preußische Hauptarmee errang am 14. Oktober 1806 der französische Marschall Davout (1770–1823) bei Auerstedt in Thüringen. Am selben Tag schlugen die Franzosen auch das flankierende preußische Korps Hohenlohe bei Jena. Da Napoleon aber bei Jena das Kommando geführt hatte, erhielten die beiden voneinander getrennten Waffengänge auf seinen Befehl hin den Namen „Die Doppelschlacht von Jena und Auerstedt".

Folie 2

Auf die Nachricht von der Niederlage bei Auerstedt und Jena hin belehrte der Gouverneur von Berlin die Einwohner der Stadt, der König habe eine Bataille verloren und Ruhe sei nun die erste Bürgerpflicht. Anstalten zur Verteidigung der preußischen Hauptstadt wurden nicht getroffen, man hatte zu sehr Wiens Schicksal vor Augen, das im November 1805 von den Franzosen bombardiert worden war. Am 24. Oktober bezog der französische Kommandant mit einem kleinen Truppenkommando seinen Amtssitz und am nächsten Tag rückte französisches Militär geordnet ein. Als Napoleon selbst am 27. Oktober mit großem Gefolge einritt, applaudierten ihm viele Berliner, denn die verkrustete preußische Adelsherrschaft war nicht besonders beliebt gewesen. Die schweren Belastungen der französischen Besatzungspolitik führten allerdings bald zu einem Sinneswandel. (Gemälde von Charles Meynier, Versailles, Musée historique)

Deutsch Literatur	Name: ______	Klasse: ____	Datum: ______	Nr.: __

Anekdote aus dem letzten preußischen Kriege (1806)

Heinrich von Kleist

Heinrich von Kleist wurde 1777 in Frankfurt an der Oder geboren. Er entstammte einer preußischen Offiziersfamilie und diente zunächst selbst als Offizier im preußischen Heer. Dann wandte er sich der Schriftstellerei zu. Heinrich von Kleist schrieb Novellen, Anekdoten, Gedichte, aber auch Dramen sowie die oft gespielte Komödie „Der zerbrochene Krug". 1811 beging er bei Potsdam Selbstmord. Weiteres bekanntes Drama: „Käthchen von Heilbronn".

Neben dem **Erzähler** treten zwei unterschiedliche Hauptpersonen auf:

	Wirt	Reiter
Eigenschaften		
Sprache		
Sprachbeispiele		

Viele Einzelhandlungen sowie die unterschiedliche Sprache steigern die Spannung immer wieder.

Spannungskurve:

Heinrich von Kleist verwendet folgenden Quellentext:
Ein preußischer Husar vom Regimente von Württemberg, von welchem Regimente wir schon so viele einzelne Züge der Bravheit gehört und gelesen haben, kehrte auf der Retirade in ein Wirtshaus vor B. auf dem Harze ein. Er hat sein Pferd in ein anderes, entfernteres Haus untergebracht und überlässt sich hier und sorglos um die nahe Gefahr dem Vergnügen, seinen Durst einmal wieder in langen Zügen stillen zu können. Nicht lange darauf sieht man feindliche Reiter sich dem Ort nähern und erinnert den Trinker das Weite zu suchen. Schon sprengen Feinde ins Städtchen – es sind fünf Franzosen vom 8. Husarenregiment. Jetzt erst bequemt sich der Preuße nach seinem Pferde zu gehen – er sitzt auf, schon im Gesicht seiner Feinde, reitet ihnen entgegen, haut den ersten nieder, schießt einen zweiten vom Pferde und nun verlässt er den Ort, verfolgt von den drei übrigen Reitern. Nicht fünfzig Schritte vor dem Tore hält er und erwartet ruhig seine Gegner. Sie kamen. Ein langer, hitziger Kampf beginnt. Des Preußen Mut, Glück, seine eigene und seines Pferdes Gewandtheit lassen ihn auch diesen glücklich bestehen und leblos liegen die drei Feinde vor seinen Füßen. Ganz langsam ritt der Brave nun weiter.

Deutsch Literatur	Name: ________	Klasse: ____	Datum: ______	Nr.: __

Anekdote aus dem letzten preußischen Kriege (1806)

Heinrich von Kleist

Heinrich von Kleist wurde 1777 in Frankfurt an der Oder geboren. Er entstammte einer preußischen Offiziersfamilie und diente zunächst selbst als Offizier im preußischen Heer. Dann wandte er sich der Schriftstellerei zu. Heinrich von Kleist schrieb Novellen, Anekdoten, Gedichte, aber auch Dramen sowie die oft gespielte Komödie „Der zerbrochene Krug“. 1811 beging er bei Potsdam Selbstmord. Weiteres bekanntes Drama: „Käthchen von Heilbronn“.

Neben dem **Erzähler** treten zwei unterschiedliche Hauptpersonen auf:

	Wirt	Reiter
Eigenschaften	*ängstlich, unsicher, nervös*	*selbstbewusst, tapfer, siegessicher, tollkühn*
Sprache	*erregtes Redetempo, viele Ausrufe, Satzfetzen,*	*gelassene, ruhige Sprache, ganze Sätze,*
Sprachbeispiele	*„. . . Da! trink er und reit er!“ „Plagt ihn – !“*	*„Ich hab den ganzen Tag nichts genossen.“ „Wo soll ich mit dem Quark hin?“*

Viele Einzelhandlungen sowie die unterschiedliche Sprache steigern die Spannung immer wieder.

Spannungskurve:

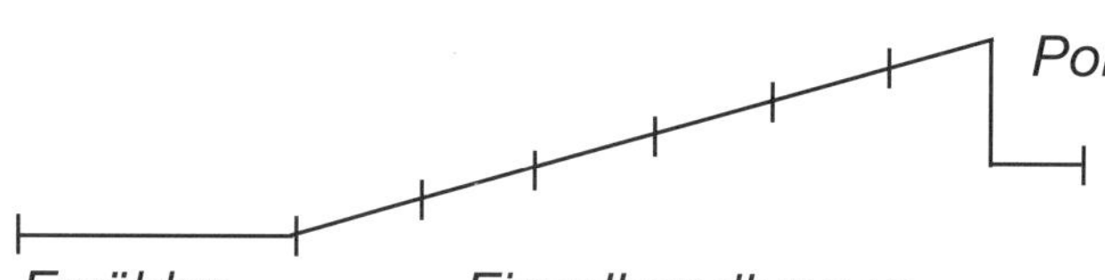

Heinrich von Kleist verwendet folgenden Quellentext:
Ein preußischer Husar vom Regimente von Württemberg, von welchem Regimente wir schon so viele einzelne Züge der Bravheit gehört und gelesen haben, kehrte auf der Retirade in ein Wirtshaus vor B. auf dem Harze ein. Er hat sein Pferd in ein anderes, entfernteres Haus untergebracht und überlässt sich hier und sorglos um die nahe Gefahr dem Vergnügen, seinen Durst einmal wieder in langen Zügen stillen zu können. Nicht lange darauf sieht man feindliche Reiter sich dem Ort nähern und erinnert den Trinker das Weite zu suchen. Schon sprengen Feinde ins Städtchen – es sind fünf Franzosen vom 8. Husarenregiment. Jetzt erst bequemt sich der Preuße nach seinem Pferde zu gehen – er sitzt auf, schon im Gesicht seiner Feinde, reitet ihnen entgegen, haut den ersten nieder, schießt einen zweiten vom Pferde und nun verlässt er den Ort, verfolgt von den drei übrigen Reitern. Nicht fünfzig Schritte vor dem Tore hält er und erwartet ruhig seine Gegner. Sie kamen. Ein langer, hitziger Kampf beginnt. Des Preußen Mut, Glück, seine eigene und seines Pferdes Gewandtheit lassen ihn auch diesen glücklich bestehen und leblos liegen die drei Feinde vor seinen Füßen. Ganz langsam ritt der Brave nun weiter.

Thema

Die Nacht im Hotel

Siegfried Lenz

Lernziele

Herausfinden der Spannungshöhepunkte innerhalb der Erzählung.
Elemente des Kriminalromans entdecken.
Zu den einzelnen Teilen der Erzählung Teilüberschriften finden.
Die Wirkung des nächtlichen Gespräches auf den Fremden beschreiben können.

Arbeitsmittel/Medien/Literaturhinweise

2 Textblätter, Folie 1 (Hotel), Folie 2 (Siegfried Lenz), Folie 3 (Hotelzimmer), Folie 4 (Zeichnung), 1 Arbeitsblatt

Tafelbild/Folie

Die Nacht im Hotel

**1926 Siegfried Lenz*

Spannungshöhepunkte: a b c d

Erzählung

↓

Sie enthält Elemente des **Kriminalromans:**

reißerische Überschrift,

Spannungsaufbau.

↓

Der Fremde lässt seinen Gedanken an Selbstmord fallen, weil er dem Jungen helfen will.

Der Fremde hilft dem Jungen – der Junge hilft dem Fremden!

I. Hinführung:

Folie 1 (Hotel)	L:	„Hotels wie diese stehen häufig an Bahnhöfen.“
	SS:	Reisende übernachten, um evtl. am nächsten Tag wieder weiterzufahren.
Folie 2 (Siegfried Lenz)	L:	„Dieser Dichter hat eine Erzählung geschrieben mit dem Titel: **Die Nacht im Hotel**.“
TA	SS:	Siegfried Lenz, weitere Erzählungen von ihm werden genannt.
	L	informiert über den Dichter.

II. Textbegegnung und Texterarbeitung:

	L	liest die Erzählung vor bis zu der Stelle: „… dann ging er hinauf“ (Zeile 15).
	SS	stellen Vermutungen über den weiteren Fortgang der Erzählung an.
Folie 3 (Hotelzimmer)	L	liest weiter bis: „Der Junge geht mir kaputt dabei!“ (Zeile 70).
	SS	stellen Vermutungen an.
	SS	lesen still die Erzählung zu Ende.
	L:	„Notiere die Stelle, die du am spannendsten findest!“
LSG/freie Aussprache zum *Inhalt:*	SS	nennen die spannendste Stelle, evtl.: „Halt! Bitte machen Sie kein Licht!“

Gehalt: PA

1. Gliedere die Erzählung in drei Teile und finde Teilüberschriften!
2. Beschreibe mit treffenden Eigenschaftswörtern den Vater, den Fremden sowie den Jungen.
   Belege diese Aussagen mit Textstellen!
3. Wo findest du in der Geschichte Spannungshöhepunkte. Gib die Textstellen an!
4. Die Erzählung ist spannend wie ein Kriminalroman.
   Kannst du Gründe dafür angeben?
5. Welche Wirkung könnte das nächtliche Gespräch auf den Fremden gehabt haben?

	zu 1.:	Anmeldung im Hotel – die Nacht mit dem Fremden – der nächste Tag
	zu 2.:	Vater: besorgt, hilfreich, freundlich Fremder: hart, unzufrieden, energisch Junge: ängstlich, sensibel, blass
TA/Spannungskurve	zu 3.:	Schwamm vor der Hotelzimmertür, Schwamm wird gebeten das Licht nicht einzuschalten. Schwamm erklärt: Der Junge winkt, keiner winkt zurück.
TA	zu 4.:	Kriminalroman: reißerische Überschrift Spannungsaufbau, direkte Rede
TA, Folie 4 (Zeichnung)	zu 5.:	Der Fremde streicht den Gedanken an Selbstmord, indem er dem kleinen Jungen eine Freude bereitet.

III. Vertiefung:

Impuls	L.:	„Auch wir können mit geringem Aufwand anderen Menschen eine Freude bereiten, vielleicht sogar helfen.“

IV. Sicherung:

	LSS:	Aussprache
Arbeitsblatt	SS	füllen Arbeitsblatt aus, übertragen TA.

Die Nacht im Hotel

Siegfried Lenz

Der Nachtportier strich mit seinen abgebissenen Fingerkuppen über eine Kladde, hob bedauernd die Schultern und drehte seinen Körper zur linken Seite, wobei sich der Stoff seiner Uniform gefährlich unter dem Arm spannte. „Das ist die einzige Möglichkeit“, sagte er. „Zu so später Stunde werden Sie nirgendwo ein Einzelzimmer bekommen. Es steht Ihnen natürlich frei in anderen Hotels nachzufragen. Aber ich kann Ihnen schon jetzt sagen, dass wir, wenn Sie ergebnislos zurückkommen, nicht mehr in der Lage sein werden Ihnen zu dienen. Denn das freie Bett in dem Doppelzimmer, das sie – ich weiß nicht aus welchen Gründen – nicht nehmen wollen, wird dann auch einen Müden gefunden haben.“

„Gut“, sagte Schwamm, „ich werde das Bett nehmen. Nur, wie Sie vielleicht verstehen werden, möchte ich wissen, mit wem ich das Zimmer zu teilen habe; nicht aus Vorsicht, gewiss nicht, denn ich habe nichts zu fürchten. Ist mein Partner – Leute, mit denen man eine Nacht verbringt, könnte man doch fast Partner nennen – schon da?“

„Ja, er ist da und schläft.“

„Er schläft“, wiederholte Schwamm, ließ sich die Anmeldeformulare geben, füllte sie aus und reichte sie dem Nachtportier zurück; dann ging er hinauf. Unwillkürlich verlangsamte Schwamm, als er die Zimmertür mit der ihm genannten Zahl erblickte, seine Schritte, hielt den Atem an, in der Hoffnung Geräusche, die der Fremde verursachen könnte, zu hören und beugte sich dann zum Schlüsselloch hinab. Das Zimmer war dunkel. In diesem Augenblick hörte er jemanden die Treppe herauf kommen und jetzt musste er handeln. Er konnte fortgehen, selbstverständlich, und so tun, als ob er sich im Korridor geirrt habe. Eine andere Möglichkeit bestand darin, in das Zimmer zu treten, in welches er rechtmäßig eingewiesen worden war und in dessen einem Bett bereits ein Mann schlief.

Schwamm drückte die Klinke herab. Er schloss die Tür wieder und tastete mit flacher Hand nach dem Lichtschalter. Da hielt er plötzlich inne: Neben ihm – und er schloss sofort, dass da die Betten stehen müssten – sagte jemand mit einer dunklen, aber auch energischen Stimme:

„Halt! Bitte machen Sie kein Licht. Sie würden mir einen Gefallen tun, wenn Sie das Zimmer dunkel ließen.“

„Haben Sie auf mich gewartet?“, fragte Schwamm erschrocken; doch er erhielt keine Antwort. Stattdessen sagte der Fremde:

„Stolpern Sie nicht über meine Krücken und seien Sie vorsichtig, dass Sie nicht über meinen Koffer fallen, der ungefähr in der Mitte des Zimmers steht. Ich werde Sie sicher zu Ihrem Bett dirigieren: Gehen Sie drei Schritte an der Wand entlang und dann wenden Sie sich nach links, und wenn Sie wiederum drei Schritte getan haben, werden Sie den Bettpfosten berühren können.“

Schwamm gehorchte; er erreichte sein Bett, entkleidete sich und schlüpfte unter die Decke. Er hörte die Atemzüge des anderen und spürte, dass er vorerst nicht würde einschlafen können.

„Übrigens“, sagte er zögernd nach einer Weile, „mein Name ist Schwamm.“

„So“, sagte der andere.

„Ja“.

„Sind Sie zu einem Kongress hierhergekommen?“

„Nein. Und Sie?“

„Nein.“

„Geschäftlich?“

„Nein, das kann man nicht sagen.“

„Wahrscheinlich habe ich den merkwürdigsten Grund, den je ein Mensch hatte, um in die Stadt zu fahren“, sagte Schwamm. Auf dem nahen Bahnhof rangierte ein Zug. Die Erde zitterte und die Betten, in denen die Männer lagen, vibrierten.

„Wollen Sie in der Stadt Selbstmord begehen?“, fragte der andere.

„Nein“, sagte Schwamm, „sehe ich so aus?“

„Ich weiß nicht , wie Sie aussehen“, sagte der andere „es ist dunkel.“

Schwamm erklärte mit banger Fröhlichkeit in der Stimme:

„Gott bewahre, nein. Ich habe einen Sohn, Herr … (der andere nannte nicht seine Namen), einen kleinen Lausejungen und seinetwegen bin ich hierhergefahren.“

„Ist er im Krankenhaus?“

„Wieso denn? Er ist gesund, ein wenig bleich zwar, das mag sein, aber sonst sehr gesund. Ich wollte Ihnen sagen, warum ich hier bin, hier bei Ihnen, in diesem Zimmer. Wie ich schon sagte, hängt das mit meinem Jungen zusammen. Er ist äußers sensibel, mimosenhaft, er reagiert bereits, wenn ein Schatten auf ihn fällt.“ „Also ist er doch im Krankenhaus.“

„Nein“, rief Schwamm, „ich sagte schon, dass er gesund ist, in jeder Hinsicht. Aber er ist gefährdet, dieser kleine Bengel hat eine Glasseele und darum ist er bedroht.“

„Warum begeht er nicht Selbstmord?“, fragte der andere.

„Aber hören Sie, ein Kind wie er, ungereift, in solch einem Alter! Warum sagen Sie das? Nein, mein Junge ist aus folgendem Grunde gefährdet: Jeden Morgen, wenn er zur Schule geht – er geht übrigens immer allein – jeden Morgen muss er vor einer Schranke stehen bleiben und warten, bis der Frühzug vorbei ist. Er steht dann da, der kleine Kerl, und winkt, winkt heftig und freundlich und verzweifelt.“ „Ja und?“

„Dann“, sagte Schwamm, „dann geht er in die Schule, und wenn er nach Hause kommt, ist er verstört und benommen und manchmal heult er auch. Er ist niemals imstande seine Schularbeiten zu machen, er mag nicht spielen und nicht sprechen: Das geht nun schon seit Monaten so, jeden lieben Tag. Der Junge geht mir kaputt dabei!“

„Was veranlasst ihn denn zu solchem Verhalten?“

„Sehen Sie“, sagte Schwamm, „das ist merkwürdig: Der Junge winkt und – wie er traurig sieht – es winkt ihm keiner der Reisenden zurück. Und das nimmt er sich so zu Herzen, dass wir – meine Frau und ich – die größten Befürchtungen haben. Er winkt und keiner winkt zurück; man kann die Reisenden natürlich nicht dazu zwingen und es wäre absurd und lächerlich, eine diesbezügliche Vorschrift zu erlassen, aber ...“

„Und Sie, Herr Schwamm, wollen nun das Elend Ihres Jungen aufsaugen, indem Sie morgen den Frühzug nehmen, um dem Kleinen zu winken?“

„Ja“, sagte Schwamm, „ja“.

„Mich“, sagte der Fremde, „gehen Kinder nichts an. Ich hasse sie und weiche ihnen aus, denn ihretwegen habe ich – wenn man’s genau nimmt – meine Frau verloren.
Sie starb bei der ersten Geburt.“

„Das tut mir Leid“, sagte Schwamm und stützte sich im Bett auf. Eine angenehme Wärme floss durch seinen Körper; er spürte, dass er jetzt würde einschlafen können.

Der andere fragte: „Sie fahren nach Kurzbach, nicht wahr?“

„Ja“.

„Und Ihnen kommen keine Bedenken bei Ihrem Vorhaben? Offener gesagt: Sie schämen sich nicht Ihren Jungen zu betrügen? Denn, was Sie vorhaben, Sie müssen es zugeben, ist doch ein glatter Betrug, eine Hintergehung.“

Schwamm sagte aufgebracht: „Was erlauben Sie sich, ich bitte Sie, wie kommen Sie dazu!“ Er ließ sich fallen, zog die Decke über den Kopf, lag eine Weile überlegend da und schlief dann ein.

Als er am nächsten Morgen erwachte, stellte er fest, dass er allein im Zimmer war. Er blickte auf die Uhr und erschrak: Bis zum Morgenzug blieben ihm noch fünf Minuten, es war ausgeschlossen, dass er ihn noch erreichte. Am Nachmittag – er konnte es sich nicht leisten, noch eine Nacht in der Stadt zu bleiben – kam er niedergeschlagen und enttäuscht zu Hause an. Sein Junge öffnete ihm die Tür, glücklich, außer sich vor Freude. Er warf sich ihm entgegen und hämmerte mit den Fäusten gegen seinen Schenkel und rief:

„Einer hat gewinkt, einer hat ganz lange gewinkt.“

„Mit einer Krücke?“, fragte Schwamm.

„Ja, mit einem Stock. Und zuletzt hat er sein Taschentuch an den Stock gebunden und es so lange aus dem Fenster gehalten, bis ich es nicht mehr sehen konnte.“

Folie 1

Folie 2

Folie 3

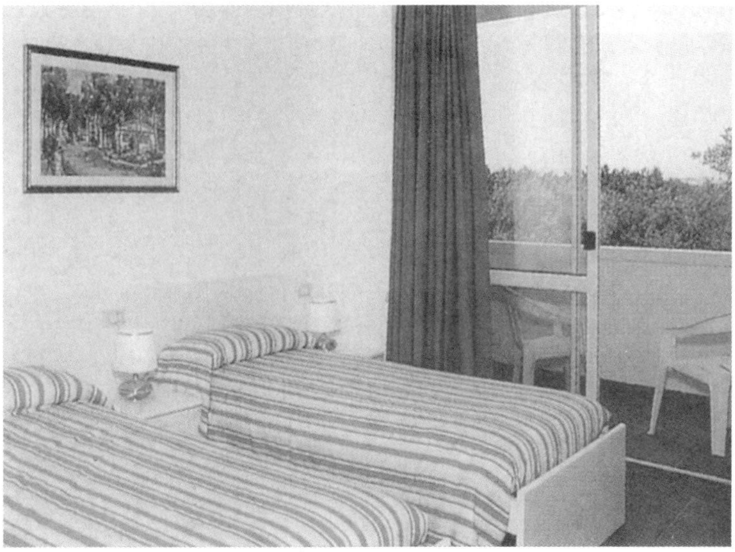

Folie 4

Der Fremde hilft dem kleinen Jungen.

Der kleine Junge hilft dem Fremden.

Deutsch Literatur	Name: ______________	Klasse: _____	Datum: __________	Nr.: ___

Die Nacht im Hotel

Siegfried Lenz

Siegfried Lenz wurde 1926 in Lyck/Masuren geboren. Er kam nach dem Krieg nach Hamburg, wo er an der dortigen Universität studierte. In den Jahren 1950 und 1951 arbeitete er als Redakteur einer großen Tageszeitung. Von 1951 an veröffentlichte er Romane (z. B. „Deutschstunde") und Erzählungen (z. B. „Das Feuerschiff"). Als freier Schriftsteller lebt Siegfried Lenz heute in Hamburg.

Die Erzählung gliedert sich in drei Teile:

______________	______________	______________
______________	______________	______________

Die drei Hauptpersonen lassen sich folgendermaßen charakterisieren:

______________	______________	______________

______________ ______________ ______________

______________ ______________ ______________

______________ ______________ ______________

Die Erzählung bietet dem Leser mehrere Spannungshöhepunkte:

a) b) c) d)

a) ______________________________

b) ______________________________

c) ______________________________

d) ______________________________

Die **Erzählung** zeigt Elemente des **Kriminalromans:**

____

Der Fremde hilft dem Jungen – der Junge hilft dem Fremden!

Deutsch Literatur	Name: ______	Klasse: ____	Datum: ______	Nr.: __

Die Nacht im Hotel

Siegfried Lenz

Siegfried Lenz wurde 1926 in Lyck/Masuren geboren. Er kam nach dem Krieg nach Hamburg, wo er an der dortigen Universität studierte. In den Jahren 1950 und 1951 arbeitete er als Redakteur einer großen Tageszeitung. Von 1951 an veröffentlichte er Romane (z. B. „Deutschstunde") und Erzählungen (z. B. „Das Feuerschiff"). Als freier Schriftsteller lebt Siegfried Lenz heute in Hamburg.

Die Erzählung gliedert sich in drei Teile:

1. Anmeldung im Hotel	*2. Die Nacht mit dem Fremden*	*3. Der nächste Tag*

Die drei Hauptpersonen lassen sich folgendermaßen charakterisieren:

Der Vater ist	*Der Junge ist*	*Der Fremde ist*
besorgt,	*ängstlich,*	*hart,*
hilfreich,	*sensibel,*	*unzufrieden,*
freundlich.	*blass, klein.*	*energisch.*

Die Erzählung bietet dem Leser mehrere Spannungshöhepunkte:

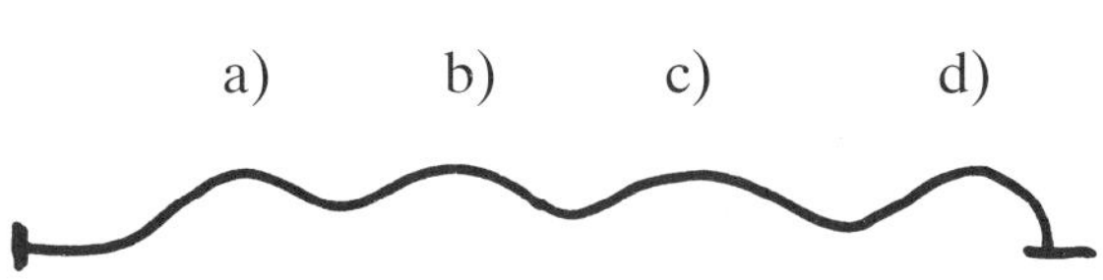

a) *Schwamm steht vor der Hotelzimmertür.*

b) *Schwamm wird gebeten das Licht nicht einzuschalten.*

c) *Schwamm erklärt: Der Junge winkt, keiner winkt zurück.*

d) *Der Junge kommt freudestrahlend zu seinem Vater.*

Die **Erzählung** zeigt Elemente des **Kriminalromans:**

reißerische Überschrift, Spannungsaufbau, direkte Rede.

Der Fremde hilft dem Jungen – der Junge hilft dem Fremden!

Thema

Eine Gerichtsverhandlung in New York

Heinz Liepmann

Lernziele

Inhalt der Erzählung schildern können.
Sich in die Konfliktsituation des Einwanderers Kurt hineinfühlen können.
Die Grundaussage der Erzählung erkennen: Das Gesetz der Menschlichkeit kommt vor den Gesetzen der Menschen.
Die Grundaussage in ihrer Bedeutung für unser tägliches Leben begreifen.

Arbeitsmittel/Medien/Literaturhinweise

Folie 1 (New York), 2 Textblätter, 1 Arbeitsblatt

Tafelbild/Folie 1

I. Hinführung:

Folie 1 (New York)

Zielangabe

TA: **Eine Gerichtsverhandlung in New York**

II. Erarbeitung:

Textblätter 1 und 2

Gemeinsames Erlesen bis Zeile 41: „Und nun beginnt die eigentliche Geschichte."

TA: *Ort der Handlung:* Armenviertel in New York

Hauptpersonen: Mr. Murphy – Witwer mit fünf Kindern, sehr arm
Jimmy – sein jüngster Sohn
Kurt – Einwanderer, früher Kinderarzt in Berlin

Jimmy wird todkrank.

Kurt hilft:	*Kurt hilft nicht:*
– Undank gegenüber Amerika, – neue Heimatlosigkeit, – neues Elend ...	– leuchtende Zukunft, – Frieden, – Wohlstand, – Gesetzestreue.
Folge: Jimmy muss nicht sterben.	*Folge:* Jimmy wird sterben.

Vermutungen über den Fortgang der Erzählung/Stilles Erlesen/Aussprache

Kurt hilft und wird deswegen verhaftet.

Die Männer gehen zu der Gerichtsverhandlung und Mr. Murphy sagt für Kurt aus.

Der Richter:
„Sie haben gegen das Gesetz verstoßen, um einem höheren Gesetz zu gehorchen. Ich spreche Sie frei ..."

III. Vertiefung:

Impuls

L: „Die Grundaussage dieser Erzählung findest du bereits im ersten Teil der Erzählung!"

SS: „Das Gesetz der Menschlichkeit kommt vor den Gesetzen der Menschen."

IV. Sicherung:

SS: Eintrag ins AB

V. Ausweitung:

Impuls

L: „Diese Erzählung hat eine Bedeutung für unser tägliches Leben."

SÄ: „Mitmenschlichkeit; Gewissen und Moral vor persönlichen Vorteilen ..."

Eine Gerichtsverhandlung in New York

Heinz Liepmann

Ich war vor zwei Wochen in New York angekommen und lebte mit zwei Freunden, die wie ich von Deutschland gekommen waren, in einem dunklen schäbigen Zimmer, das uns Mr. Murphy, ein fetter, jähzorniger Ire, vermietet hatte. Wir hatten kein Geld und keine Jobs und lebten von Gelegenheitsarbeiten. Mr. Murphy war ein Witwer mit fünf Kindern und Jimmy war der Jüngste. Das Haus, wo wir wohnten, war eine der riesigen Mietskasernen in dem armseligen, übervölkerten Viertel der Stadt im Süden Manhattans, in dem die erste Generation der Einwanderer lebte – Griechen, Iren, Franzosen, Deutsche, Russen und Italiener.

Als wir ungefähr drei Monate bei Mr. Murphy gewohnt hatten, wurde Jimmy krank.

Von Anfang an sah es ziemlich hoffnungslos aus. Kurt, der früher ein prominenter Kinderarzt in Berlin gewesen war, ging zu Mr. Murphy.

„Mr. Murphy", sagte er, „Sie wissen, dass ich Jimmy nicht behandeln darf, da ich das amerikanische Staatsexamen noch nicht abgelegt habe. In vier Monaten wird es so weit sein, aber darauf kann Jimmy nicht warten. Sie müssen sofort einen Arzt holen."

„Können wir ihn nicht in ein Krankenhaus bringen?", fragte Mr. Murphy. „Hier zu Hause können wir nicht für ihn sorgen. Ich muss zur Arbeit gehen – wegen der anderen Kinder …"

„Jimmy kann nicht transportiert werden. Machen Sie sich deswegen keine Sorgen.

Wir drei werden aufpassen. Nur zum Arzt!"

Jimmy stöhnte in seinen Fieberträumen. Sein blondes Haar klebte an seiner schweißnassen Stirn.

Der Arzt kam zweimal, ein dünner, alter Italiener mit einem Monokel und zittrigen Händen. Er kam morgens um zehn und noch einmal am Nachmittag. Gegen Mitternacht stieg das Fieber und der Atem begann zu rasseln. Kurt schickte Mr. Murphy wieder zum Arzt, aber nach einer Weile kam er allein zurück. „Er will nicht kommen", flüsterte er, Tränen hilfloser Wut in den Augen. „Ich habe seinen letzten Besuch noch nicht bezahlt. Er will erst das Geld sehen …"

Die niedrige Stube war voll mit Menschen. Die Brüder und Schwestern Jimmys standen schlaftrunken und angstvoll im Schatten. Ein paar Nachbarn – eine dicke Italienerin, ein alter Jude mit silbrigem Bart, ein polnischer Priester – standen bei der Tür, flüsterten, zählten Münzen, schüttelten die Köpfe.

Mr. Murphy starrte auf das röchelnde Kind. Er drehte sich zu Kurt um und flüsterte wild: „Sie sind doch Arzt! Um Gottes willen, lassen Sie das Kind nicht sterben!"

Auf einmal sehen alle auf Kurt. Sein Gesicht war blass.

Ich wusste, was in ihm vorging. In ein paar Monaten würde er sein Examen machen und ein neues Dasein beginnen. Auf der einen Seite stand das Gesetz, war leuchtende Zukunft, Frieden, Wohlstand – und auf der anderen Seite war Undank gegenüber dem Land, das ihm eine neue Heimat bot, Bruch des Gesetzes und Vertrauens, und wenn er erwischt würde, neue Heimatlosigkeit, neues Elend. Dazwischen aber ein leidendes Kind, schweißüberströmt, geschüttelt von Fieber und Schmerzen …

Kurt lächelte. Das Gesetz der Menschlichkeit kommt vor den Gesetzen der Menschen.

Zehn Tage lang kämpfte Kurt um das Leben von Jimmy Murphy. Er schlief selten und wurde dünn und hager. Aber dann war die Krise vorüber und das Kind gerettet.

Und nun beginnt die eigentliche Geschichte.

An dem Tag, an dem Jimmy zum ersten Mal aufstehen durfte, kamen zwei Detektive und verhafteten Kurt. Der alte italienische Arzt hatte Anzeige erstattet. Am gleichen Tag ging eine seltsame Bewegung durch unser Haus und unsere Straße. Die Russen, die Italiener, die Juden, die Iren und die Deutschen steckten die Köpfe zusammen und ihre grauen, alten Gesichter waren rot und zornig. Am nächsten Morgen ging kein einziger dieser Männer zur Arbeit. Sie gingen zum City-Court, dem Gericht der Stadt New York. Ich war selbst dabei. Sie füllten den Gerichtssaal, es müssen über hundert gewesen sein, und als Kurt aufgerufen wurde, drängten

sie sich alle vor und der Richter blickte erstaunt von seinem Podium herunter auf die merkwürdige, schweigende Menge von Männern, Frauen und Kindern.
„Schuldig oder nicht schuldig?“, fragte der Richter. Aber bevor Kurt den Mund öffnen konnte, riefen hundert Stimmen: „Nicht schuldig!“
„Ruhe!“, donnerte der Richter. „Ich werde den Saal räumen lassen, wenn ich noch einen Laut höre ...“ Er wandte sich wieder an Kurt. „Angeklagter, plädieren Sie für schuldig oder ...“ Und dann stockte er auf einmal und blickte auf die schweigenden alten Leute, die müden runzligen Gesichter, die gebeugten Rücken. „Was wollt denn ihr?“, fragte der Richter ganz unzeremoniell und als mehrere auf einmal zu sprechen begannen, wies er auf Mr. Murphy, der direkt hinter Kurt stand.
„Sie da!“
Und dann begann Mr. Murphy zu sprechen und der Richter sagte gar nichts und sah von einem der alten Leute zum anderen. „So sind wir hierhergekommen“, endete Mr. Murphy, „die Nachbarn meine ich damit. Wenn Sie unseren Doktor verurteilen, wir sind hier, um für ihn zu bürgen. Und wir haben gesammelt, falls er eine Geldstrafe bekommt, für das was er begangen hat – nämlich meinem Kind das Leben gerettet. Wir haben sechsundachtzig Dollar gesammelt ...“
Der Richter erhob sich und lächelte. Es sah merkwürdig aus, wie dieser Mann im schwarzen Talar plötzlich lächelte und von seinem Podium zu Kurt hinunterstieg und seine Hand ausstreckte. „Ich drücke Ihnen die Hand“, sagte der Richter mit leiser Stimme. „Sie werden einmal einen guten Amerikaner abgeben.“ Dann stieg er rasch auf sein Podium zurück und klopfte mit dem Hammer auf den Tisch.
Alles erhob sich.
„Sie haben gegen das Gesetz verstoßen“, sagte der Richter, „um einem höheren Gesetz zu gehorchen. Ich spreche Sie frei und – und Ihnen allen danke ich, dass Sie gekommen sind, um für den Angeklagten zu zeugen. – Nächster Fall!“

Deutsch Literatur	Name: ____________	Klasse: ______	Datum: ________	Nr.: ___

Eine Gerichtsverhandlung in New York

Heinz Liepmann

Ort der Handlung:

____

Hauptpersonen:

Mr. Murphy: ______________________________

Jimmy: ______________________________

Kurt: ______________________________

Kurt kann helfen:

Kurt kann die Hilfe verweigern:

Deutsch Literatur	Name: ______	Klasse: ______	Datum: ______	Nr.: ___

Eine Gerichtsverhandlung in New York

Heinz Liepmann

Ort der Handlung:

Armenviertel in New York

Hauptpersonen:

Mr. Murphy: *Witwer mit fünf Kindern, sehr arm*

Jimmy: *Mr. Murphy's jüngster Sohn*

Kurt: *Einwanderer, früher Kinderarzt in Berlin*

Jimmy wird todkrank.

Kurt kann helfen:

↓

– Undank gegenüber Amerika,
– neue Heimatlosigkeit,
– neues Elend.

↓

Jimmy muss nicht sterben.

Kurt kann die Hilfe verweigern:

↓

– leuchtende Zukunft,
– Frieden,
– Wohlstand,
– Gesetzestreue.

↓

Jimmy wird sterben.

↓

„Das Gesetz der Menschlichkeit kommt vor den Gesetzen der Menschen."

Thema

Brief an den Vater vom 9. Juli 1778

Wolfgang Amadeus Mozart

Lernziele

Einen schwer zu lesenden Brief möglichst selbstständig sinnentnehmend lesen können.
Besondere Merkmale in Form und Satzbau des Briefes erkennen.
Den Brief als geschichtliches und religiöses Dokument verstehen.
Den Inhalt des Briefes mit eigenen Worten wiedergeben können.

Arbeitsmittel/Medien/Literaturhinweise

2 Textblätter, 1 Arbeitsblatt, 1 Musikstück von W. A. Mozart

Tafelbild/Folie

Wolfgang Amadeus Mozart

** 27. 1. 1756 in Salzburg*
† 5. 12. 1791 in Wien

Brief an den Vater vom 9. Juli 1778:

- abgeschickt in Paris am 9. Juli 1778,
- Tod der Mutter am 3. Juli 1778.

Unterschiede zu heutigen Briefen in der

Sprache	und	äußeren Form

I. Hinführung:	L: „Du hörst einen Ausschnitt eines bekannten Musikstücks.“ (Eine kleine Nachtmusik)
Musikausschnitt/Mozart/ LSG / freie Aussprache	SS erkennen das Musikstück von W. A. Mozart, geben ihr Vorwissen wieder.
TA	L: Wolfgang Amadeus Mozart: * 27. 1. 1756 in Salzburg, † 5. 12. 1791 in Wien.
	L: „Mozart hat auf seinen Reisen auch Briefe geschrieben.“
Zielangabe	**Brief an den Vater vom 9. Juli 1778**
II. Textbegegnung und Texterarbeitung:	SS lesen still den Text.
	L: „Du kannst sicher den Inhalt des Briefes mit eigenen Worten wiedergeben. Einige Leitfragen sollen dir dabei helfen.“

Inhalt: EA
1. Von wem wurde der Brief geschrieben und an wen ist er gerichtet?
2. Wo und wann wurde er geschrieben?
3. Zu welchem Anlass wurde er geschrieben?
4. Gib den Inhalt in Stichpunkten wieder!

	Zu 1.: Von W. A. Mozart an seinen Vater (und an die Schwester)
	Zu 2.: Am 9. Juli 1778 in Paris
	Zu 3.: Tod der Mutter am 3. Juli 1778
	Zu 4.: – Todesnachricht wird mitgeteilt, – Bitte um Nachsicht, dass im ersten Brief nach dem Tod dies noch nicht mitgeteilt wurde, – Trost für Vater und Schwester, – Hinweis auf Fügung in Gottes Willen.
Form und Sprache des Briefs: 1. Betrachte die äußere Form! Was fällt dir auf? 2. Welche sprachlichen Unterschiede stellst du fest?	L: „Der Brief weist große Unterschiede zu heutigen Briefen auf.“
TA	Zu 1.: Äußere Form nicht ungewöhnlich, aber viele französische Ausdrücke, ungewöhnliche Anrede und Schlussformel, Anrede des Vaters mit „Sie“.
	Zu 2.: Kurze, unvollständige Sätze, ungewöhnlicher Satzbau, Rechtschreibung heute völlig anders.
III. Vertiefung:	L: „Wie rechtfertigt Mozart die Tatsache, dass er dem Vater den Tod der Mutter erst Tage später mitteilt?“
Gehalt:	SS: Vater und Schwester sollten zuvor darauf vorbereitet werden.
	L: „Welche Gesinnung Mozarts erkennst du, wenn du den Trost betrachtest, den er seinen Angehörigen zuspricht?“
	SS: tiefe, religiöse Gesinnung
IV. Sicherung:	SS tragen die TA ins AB ein, ergänzen AB.
Arbeitsblatt/ musikalische Darbietung	Mozart-Musik als Untermalung.

Brief an den Vater vom 9. Juli 1778*

Wolfgang Amadeus Mozart

Monsieur, mon très cher Père!

Ich hoffe sie werden bereitet seyn, eine der traurigsten und schmerzhaftesten nachrichten mit standhaftigkeit anzuhören – sie werden durch mein leztes vom 3ten in die lage gesetzt worden seyn, nichts gutes hören zu dürfen den nemlichen Tag den 3ten ist meine Mutter abends um 10 uhr 21 minuten in gott seelig entschlafen; – als ich ihnen aber schriebe, war sie schon im genuß der himmlischen freuden – alles war schon vorbey – ich schriebe ihnen in der Nacht – ich hoffe sie und meine liebe schwester werden mir diesen kleinen und sehr nothwendigen betrug verzeihen denn nachdemm ich nach meinen schmerzen und trauerigkeit auf die ihrige schloss, so konnte ich es ohnmöglich übers herz bringen, sie sogleich mit dieser schröcklichen nachricht zu überraschen – Nun hoffe ich aber werden sie sich beyde gefast gemacht haben, das schlimmste zu hören, und, nach allen natürlichen und nun gar zu billigen schmerzen, und weinen, endlich sich in willen gottes zu geben, und seine unerforschliche, unergründliche, und aller weiseste vorsehung anzubeten – sie werden sich leicht vorstellen können, was ich ausgestanden – was ich für Muth und standhaftigkeit nothwendig hatte, um alles, so nach und nach immer ärger, immer schlimmer, mit gelassenheit zu übertragen – und doch, der gütige gott hat mir diese gnade verliehen – ich habe schmerzen genug empfunden, habe genug geweint – was nutzte es aber? – ich muste mich also trösten; machen sie es auch so, mein lieber vatter und liebe schwester! – weinen sie, weinen sie sich recht aus – trösten sie sich aber endlich, – bedencken sie daß es der Allmächtige gott also hat haben wollen – und was wollen wir wieder ihn machen? – wir wollen lieber betten, und ihm dancken daß es so gut abgelaufen ist – dann sie ist sehr glücklich gestorben; – in jenen betrübten umständen habe ich mich mit drey sachen getröstet, nemlich durch mein gänzliche vertrauensvolle ergebung in willen gottes – dann durch die gegenwart ihres so leichten und schönen tods, indemm ich mir vorstellte, wie sie nun in einen augenblick so glücklich wird wie viel glücklicher das sie nun ist, als wir so, daß ich mir gewunschen hatte in diesem augenblick mit ihr zu reisen – aus diesen wunsch, und aus dieser begierde entwickelte sich endlich mein dritter trost, nemlich, daß sie nicht auf Ewig für uns verlohren ist – daß wir sie wieder sehen werden – vergnügter und glücklicher beysammen seyn werden, als auf dieser welt; Nur die zeit ist uns unbekant – das macht mir aber gar nicht bang – wann gott will, dann will ich auch – Nun, der göttliche, allerheiligste willen ist vollbracht – betten wir also einen andächtigen vatter unser für ihre Seele – und schreiten wir zu andern sachen, es hat alles seine Zeit – ich schreibe dieses im hause der Madame d'Epinai und des Monsieur grimm, wo ich nun logire, ein hübsches zimmerl mit einer sehr angenehmen aussicht habe – und, wie es nur immer mein zustand zuläst, vergnügt bin – eine große hülfe zu meiner möglichen zufriedenheit wird seyn, wenn ich hören werde, daß mein lieber vatter und meine liebe schwester sich mit gelassenheit und Standhaftigkeit gänzlich in willen des herrn geben, – sich ihm von ganzen herzen

* Dieser Text bleibt aus literaturästhetischen Gründen in der bestehenden Fassung.

vertrauen, in der vesten überzeugung daß er alles zu unsern besten anordnet – Allerliebster vatter! – schonen sie sich! – liebste scnwester – schon Dich – Du hast noch nichts von den guten herzen deines bruders genossen – weil er es noch nicht in stande war

– Meine liebste beyde! – habt sorge auf eure gesundheit – dencket, daß Ihr einen sohn habt einen bruder – der alle seine krüften anwendet, um euch glücklich zu machen – wohl wissend, daß ihr ihm auch einstens seinen wunsch, und sein vergnügen – welches ihm gewis Ehre macht, nicht versagen werdet, und auch alles anwenden werdet, um ihn glücklich zu sehen – o, dann wollen wir so ruhig, so Ehrlich, so vergnügt, (wie es nur immer auf dieser welt möglich ist) leben – und Endlich wenn gott will, dort wieder zusammenkommen – wofür wir bestimmt, und erschafen sind –

Adieu, ich küsse ihnen 100 000 mahl ihr hände, und meine schwester umarme ich von ganzen herzen, und bin dero gehorsamster sohn

Wolfgang Amadé Mozart

Deutsch Literatur	Name: ______	Klasse: ______	Datum: ______	Nr.: ___

Brief an den Vater vom 9. Juli 1778

Wolfgang Amadeus Mozart

Wolfgang Amadeus Mozart wurde am 27. 1. 1756 in Salzburg geboren. Er war das jüngste Kind des Geigers und späteren Hofkomponisten Leopold Mozart. Schon früh zeigte sich Mozarts musikalische Begabung, die der Vater intensiv förderte. 1761 hatte Wolfgang Amadeus Mozart seinen ersten öffentlichen Auftritt. Seine Reisen und Vorstellungen an den Fürstenhöfen Europas dienten dem Gelderwerb und seiner Ausbildung. 1778 stirbt seine Mutter, die ihn auf der Reise begleitete, in Paris. Mozart übersiedelte 1781 nach Wien, wo er am 5. 12. 1791 starb.

Von wem?	An wen?	Wo?	Wann?
______	______	______	______
	______		

Anlass: ______

Inhalt: ______

______

______

______

______

Der Brief unterscheidet sich deutlich von den heutigen Briefen:

Sprache:	Äußere Form:
______	______
______	______
______	______

Mozart rechtfertigt sich für die verspätete Nachricht vom Tode seiner Mutter:

______

______

Der Brief beschreibt deutlich Mozarts Gesinnung:

______

______

Deutsch Literatur	Name: ____________	Klasse: ______	Datum: __________	Nr.: __

Brief an den Vater vom 9. Juli 1778

Wolfgang Amadeus Mozart

Wolfgang Amadeus Mozart wurde am 27. 1. 1756 in Salzburg geboren. Er war das jüngste Kind des Geigers und späteren Hofkomponisten Leopold Mozart. Schon früh zeigte sich Mozarts musikalische Begabung, die der Vater intensiv förderte. 1761 hatte Wolfgang Amadeus Mozart seinen ersten öffentlichen Auftritt. Seine Reisen und Vorstellungen an den Fürstenhöfen Europas dienten dem Gelderwerb und seiner Ausbildung.
1778 stirbt seine Mutter, die ihn auf der Reise begleitete, in Paris. Mozart übersiedelte 1781 nach Wien, wo er am 5. 12. 1791 starb.

Von wem?	An wen?	Wo?	Wann?
Wolfgang A. Mozart	*An seinen Vater und seine Schwester*	*In Paris*	*Am 9. 7. 1778*

Anlass: *Tod der Mutter am 3. Juli 1778*

Inhalt:
- *Todesnachricht wird mitgeteilt,*
- *Bitte um Nachsicht, dass im ersten Brief nach dem Tod dies nicht mitgeteilt wurde,*
- *Trost für den Vater und die Schwester,*
- *Bitte um Fügung in Gottes Willen.*

Der Brief unterscheidet sich deutlich von den heutigen Briefen:

Sprache:	Äußere Form:
– kurze, unvollständige Sätze,	*– ungewöhnliche Anrede,*
– ungewöhnlicher Satzbau,	*– ungewöhnliche Schlussformel,*
– ungewöhnliche Rechtschreibung.	*– Anrede des Vaters mit „Sie“.*

Mozart rechtfertigt sich für die verspätete Nachricht vom Tode seiner Mutter:

Mozart wollte Vater und Schwester zuvor auf diese schlimme Nachricht vorbereiten. Ein Familienfreund wurde brieflich damit beauftragt.

Der Brief beschreibt deutlich Mozarts Gesinnung:

Mozart ist tief religiös verwurzelt. Der Glaube an Gott, an seinen unabänderlichen Willen sowie an die Wiederauferstehung wird deutlich.